高校思政教育理论与工作研究

王安吉　卜庭梅　宋　佳◎著

线装书局

图书在版编目（CIP）数据

高校思政教育理论与工作研究 / 王安吉，卜庭梅，宋佳著. -- 北京：线装书局，2024.4

ISBN 978-7-5120-6079-1

I. ①高… II. ①王… ②卜… ③宋… III. ①高等学校－思想政治教育－研究－中国 IV. ①G641

中国国家版本馆 CIP 数据核字(2024)第 080437 号

高校思政教育理论与工作研究

GAOXIAO SIZHENG JIAOYU LILUN YU GONGZUO YANJIU

作　　者：王安吉　卜庭梅　宋　佳
责任编辑：白　晨
出版发行：线装书局
　　地　址：北京市丰台区方庄日月天地大厦 B 座 17 层（100078）
　　电　话：010-58077126（发行部）010-58076938（总编室）
　　网　址：www.zgxzsj.com
经　　销：新华书店
印　　制：三河市腾飞印务有限公司
开　　本：787mm×1092mm　1/16
印　　张：11.5
字　　数：260 千字
印　　次：2025 年 1 月第 1 版第 1 次印刷

线装书局官方微信

定　　价：78.00 元

前　言

在当今社会，高校思政教育被认为是教育事业的重要组成部分，其实践意义和影响力日益凸显。高校思政教育旨在引导和培养学生正确的世界观、人生观和价值观，提高他们的道德素养和社会责任感，促进他们综合素质的全面发展。在实践中，高校思政教育理论与工作探索已成为教育界和社会各界共同关注的焦点。

高校思政教育理论的探索与实践是一个不断推进和完善的过程。在这一过程中，不仅需要对传统的教育理念进行批判性反思和重构，更需要结合当代社会发展的实际需求，不断创新和完善教育教学体系，以适应时代发展的要求。只有不断探索和实践，高校思政教育理论才能与时俱进，为培养德智体美劳全面发展的社会主义建设者和接班人做出应有的贡献。

在高校思政教育工作中，实践是检验理论的关键。只有通过实践，才能验证理论的科学性和实用性。高校思政教育工作探索需要立足于实际情况，深入到学生的日常生活和学习实践中，积极倾听学生的心声和需求，及时发现问题和挑战，通过探索实践有效的教育教学方法和手段，不断提升学生的综合素质和能力。

在高校思政教育理论与工作探索过程中，需要充分发挥教师团队和学生群体的主体作用。教师是高校思政教育的重要实施者和引领者，他们需要具备扎实的专业知识和丰富的教学经验，更需要具备高度的责任感和使命感，引导学生树立正确的世界观、人生观和价值观。学生则是高校思政教育的直接受益者和参与者，他们需要积极主动地参与到教育教学活动中，提高自身的自觉性和主动性，实现个人价值和社会价值的统一。

在思政教育理论与工作探索的过程中，还需要充分利用现代科技手段和教育资源，拓展思政教育的覆盖范围和渠道。互联网和信息技术的发展为高校思政教育提供了新的契机和挑战，教育者可以利用现代科技手段和网络资源，拓展教育教学的空间和形式，激发学生的学习兴趣和积极性，实现教育教学的全方位发展。

高校思政教育理论与工作探索是一个不断深化和完善的过程，需要教育界和社会各界的共同努力和支持。只有不断探索和实践，高校思政教育才能更好地发挥其应有的作用和效果，为培养德智体美劳全面发展的社会主义建设者和接班人做出更大的贡献。

编委会

刘湘玲　陈　婷　王　雪

康乃馨　陈玉玲　杨伦芳

目录 CONTENTS

第一章　高校思政教育的概念和内涵

第一节　思政教育的基本概念

一、思政教育的定义

思政教育，即思想政治教育，是指在高校教育中，通过思想道德修养和政治觉悟方面的教育，培养学生正确的世界观、人生观和价值观，提高学生的道德素养和政治修养，使他们成为德才兼备的社会主义建设者和接班人。思政教育是高校教育中十分重要的一部分，也是我国高等教育的特色之一。

思政教育的起源可以追溯到19世纪末20世纪初，当时中国学者开始关注国家兴衰与社会进步问题，并开始进行思想启蒙运动。1949年新中国成立后，思政教育成为了教育体系中的重要组成部分。在上世纪末我国高校思政教育工作取得了长足发展，其内容也日益丰富，不再仅限于传授马列主义、毛泽东思想等理论知识，还包括了国家政策法规、人文社科知识、职业认知等方面的教育。

思政教育的内涵也日益丰富，不仅包括传统的理论学习，还包括了社会实践、心理健康、职业规划等方面的内容。思政教育工作旨在培养学生的社会责任感和使命感，引导学生正确看待人生、塑造健康的人格，同时也要培养学生良好的道德品质和政治素养，培养他们成为社会的栋梁之材。

高校思政教育工作的探索也在不断深入，一方面是结合学生的思想特点和实际需求，另一方面是与时代发展相结合，不断寻求新的教育方法和理念。今后，高校思政教育需要更加注重个性化教育，培养学生的创新精神和实践能力，引导他们正确处理个人发展和社会责任的关系，为国家的建设和发展贡献力量。

思政教育的发展离不开时代的背景和社会的需求，随着社会的不断进步和变革，高校思政教育也需要不断调整和更新自身的内容和方式，以适应当今社会的发展需求。随着互联网技术的飞速发展，信息传播的速度和广度也在不断扩大，高校思政教育也需要借助现代科技手段，创新教学模式，提高教育质量。

今天的学生群体更加多元化和个性化，他们在接受思政教育的过程中需要更多的关爱和引导。高校思政教育工作者要深入了解学生的内心世界，通过互动交流和个性化辅导，帮助他们树立正确的人生观和价值观。同时，社会实践和实践教育也是思政教育的重要组成部分，通过参与社会公益活动和实践项目，学生可以更好地理解社会的现实问题，增强社会责任感和使命感。

高校思政教育工作者要不断提升自身的思想政治素养和教育水平，加强自身的专业知识储备和教育技能，为学生提供更加优质的教育服务。要注重团队合作，加强与其他学科的交叉融合，促进思政教育与学科教育的有机结合，为学生全面发展提供更好的支持。只有这样，高校思政教育才能真正达到育人育德的目标，培养更多具有社会责任感和创新精神的优秀人才，为建设现代化强国贡献力量。

高校思政教育的特点是多样性和全面性。高校思政教育需要以全面发展为目标，涵盖政治、思想、道德、法律等多方面内容。在教育过程中，不能仅仅强调知识的传授，更要注重学生的思想道德素质的培养，使他们成为德智体全面发展的人才。高校思政教育需要根据学生的不同特点和需求，采取多样化的教育手段和方法。这样才能真正激发学生的学习兴趣，促使他们能够真正接受和领会思政教育的精神内涵。

高校思政教育的这些特点对教育工作具有重要意义。多样性和全面性的特点能够帮助学生在学习过程中充分感受到自由发展的空间和个性化的关怀，从而更好地激发其学习的积极性和主动性。多样性和全面性也可以更好地适应社会的发展需求，培养出更符合社会发展需要的优秀人才。这样的人才不仅具有扎实的专业知识和技能，更具备高尚的道德品质和社会责任感，能够更好地适应社会的变革和发展。

高校思政教育的特点是其价值所在，也是其发展的动力所在。只有在不断探索和实践中，我们才能更好地发挥这些特点的作用，提升高校思政教育的质量和水平，为培养更多优秀人才做出积极贡献。希望未来，在高校思政教育工作中，能够更加注重这些特点的体现和发挥，真正实现思政教育的价值和意义。

思政教育的多样性和全面性正是其独特之处，它不仅仅是传授知识，更是培养品德，熏陶情操。在这种教育模式下，学生可以在学业上得到全方位的发展，同时也可以在思想道德上得到提升。这种教育方式不仅仅是为了学生个人的成长，更是为了社会的进步和发展。

通过思政教育，学生可以更好地理解社会的现实，提高社会责任感和使命感。同时，多样性和全面性的教育也能够培养学生的批判思维能力和创新意识，使他们能够更好地适应社会变革和发展的需求。在当今社会，这样的综合素质将更受社会和企业的青睐，为学生的未来发展打下坚实的基础。

思政教育的特点也在于其开放性和包容性，能够为不同背景的学生提供平等的学习机会和成长空间。这种教育方式旨在培养学生的综合素质和个性特点，让每个学生都能够找到适合自己发展的道路。通过这种多元化的教育方式，学生们可以在学习的道路上不断探索、创新，实现自身的人生目标。

思政教育的特点不仅仅是教师的责任和任务，更需要学生自身的努力和付出。只有学生们能够认真对待每一堂思政课，积极参与各种社会实践活动，才能真正领悟到思政教育的深层意义，做到知行合一。在这样的教育氛围下，高校将培养出更多德才兼备，具备社会责任感和创新精神的优秀人才，为社会的繁荣和进步贡献力量。愿思政教育的理念能够深入人心，成为每个学生成长道路上的指南针，为实现中华民族伟大复兴的中国梦贡献力量。

思政教育的目的是培养学生正确的世界观、人生观、价值观，使他们具备正确的政治立场、人生观念和社会责任感。作为高校教育的重要组成部分，思政教育具有极为重要的意义，不仅仅是传授知识和技能，更重要的是引导学生正确的人生观和社会观，提高他们的综合素质和思想道德修养。

从教育理论的角度来看，思政教育是高校教育的灵魂和根本任务，是实现全面发展的基础和关键。思政教育要从树立正确的世界观、人生观、价值观入手，引导学生积极向上、真诚宽容、乐于奉献、勇于创新，培养他们具备思辨能力和批判思维，形成正确的人生观念和社会责任感。思政教育不仅仅是灌输知识，更重要的是引导学生正确认识自己的社会角色和使命，激发他们的社会责任感和民族自豪感，培养他们全面发展的综合素质。

在高校思政教育工作中，要注重结合实际，贴近学生需求，引导学生自主学习和思考，促进他们自我实现和成长。同时，要注重创新教育方法，多渠道引导学生接受思想教育，激发他们的学习热情和积极性。高校思政教育还应注重学科融通，跨学科教学，使思政教育真正融入教学全过程，贯穿在学生的学习生活中。

高校思政教育是高校教育的重要使命和基本任务，是培养社会主义事业建设者和接班人的根本途径。通过不断探索和实践，提高思政教育的质量和水平，促进学生成为德智体美劳全面发展的社会主义建设者和接班人，为实现中华民族伟大复兴的中国梦做出贡献。

高校思政教育的概念和内涵一直备受关注。思政教育并不仅仅是关于政治意识形态的灌输，更重要的是培养学生正确的人生观、价值观和世界观。它涵盖了政治教育、思想道德教育、法治教育等多方面内容，旨在引导学生树立正确的思想意识，培养高尚的道德情操，强化法治观念，提高社会责任感和使命感。

思政教育的定义较为宽泛，既包括了对学生进行政治思想教育，也包括了对学生进行品德教育以及法治教育等方面。它涉及到学生的全面发展和自我提升，是高校教育中不可或缺的一部分。

高校思政教育的重要性不言而喻。在当前复杂多变的社会环境下，高校应该肩负起培养“四有”新时代人才的责任，而思政教育正是实现这一目标的有效途径。通过思政教育，可以增强学生的思想觉悟，提高他们的政治素质，培养他们正确的世界观和人生观，促使他们自觉抵制各种不良思潮，树立正确的社会主义核心价值观。

在高校中，思政教育应该贯穿于课堂教学、学生管理、校园文化建设等方方面面。通过多种形式和途径，引导学生正确看待历史、理解时事，激发他们的爱国热情和责任意识，培养他们的创新精神和实践能力。

高校思政教育是全面推进德智体美劳全面发展的重要保障。未来，高校在探索思政教育理论和实践的过程中，需要不断创新，注重针对性和实效性，为培养德智体美劳全面发展的社会主义建设者和接班人做出应有的贡献。

思政教育是指高校对学生进行的思想政治教育，旨在引导学生正确树立世界观、人生观、价值观，培养学生的爱国主义、集体主义和社会主义观念，促进学生全面发展。思政教育内容丰富多样，主要包括爱国主义教育、思想道德修养、法治教育、职业道德教育、心理健康教育等方面。

爱国主义教育是思政教育的重要内容之一，通过学习国家历史、了解国家政策和发展情况，使学生树立热爱祖国、忠于国家、为民族复兴贡献力量的思想观念。思想道德修养是思政教育的核心，培养学生正确的人生观和价值观，引导学生自觉践行社会主义核心价值观，形成健康的思想品德。

法治教育是思政教育的重要一环，教育学生树立法治观念，遵纪守法，培养法治意识和法律意识。职业道德教育是思政教育的实施方向之一，帮助学生树立正确的职业道德观念，培养良好的职业操守和职业素养。

心理健康教育也是思政教育的重要内容之一，关注学生心理健康，引导学生树立积极向上的心态，学会应对压力、解决问题，促进学生全面健康发展。

在高校思政教育中，教育工作者需要充分理解思政教育的内涵和重要性，积极探索符合学生特点和时代要求的思政教育模式和方法，引领学生树立正确的世界观、人生观、价值观，培养德智体美劳全面发展的社会主义建设者和接班人。思政教育是高校育人工作的重要组成部分，对于学生成长成才、实现自身价值具有重要意义。希望高校思政教育工作者能够不断探索创新，不断提升教育质量，为培养社会主义建设者和接班人做出更大的贡献。

二、思政教育的内涵

思政教育是高校教育的重要组成部分，是培养学生思想道德品质、政治素养和社会责任感的重要途径。思政教育的目的是引导学生正确树立社会主义核心价值观，弘扬民族精神，培养爱国主义情怀和社会主义理想信念。通过思政教育，学生能够树立正确的世界观、人生观和价值观，具备良好的品德修养和社会责任感，成为德才兼备、全面发展的社会主义建设者和接班人。思政教育的开展需要学校各方共同努力，教师要起到示范引领作用，课程设置要符合时代要求，活动设计要贴近学生需求，形成全员参与、全方位覆盖的思政教育格局。只有全面深入开展思政教育工作，才能促进学生综合素质的提升，推动高校教育事业的健康发展。

思政教育是高校教育的核心内容，是培养学生全面发展的重要途径。通过思政教育的开展，学生将能够树立正确的人生观和世界观，形成健康的生活方式，增强社会责任感和爱国情怀。教师们应该积极投入到思政教育工作中，发挥示范引领作用，引导学生积极参与社会实践和志愿服务活动。同时，要注重提高教育质量，不断完善思政教育的内容和形式，使之更加贴近学生的需求和实际情况。学校要推动思政教育与专业教育、实践教育相结合，形成多元化、全方位的教育体系，为学生提供更加丰富的成长空间和发展机会。只有这样，才能不断提高学生的综合素质，培养出更多德才兼备、具有远大理想的社会主义建设者和接班人。思政教育的深入开展需要学校、教师和学生共同努力，共同促进高校教育事业的健康发展，为建设富强民主文明和谐美丽的社会主义现代化国家做出积极贡献。

思政教育的意义在于通过传道授业解惑的方式引导学生树立正确的世界观、人生观和价值观，培养学生的爱国主义、集体主义和社会主义核心价值观，促进学生全面发展。思政教育旨在培养积极向上、有担当、有责任感的优秀人才，引领学生走向成功的人生道路。通过不断推进思政教育，高校能够建设具有中国特色、世界水平的人才培养体系，为国家的长远发展培养更多更优秀的人才做出积极贡献。高校思政教育理论与工作的探索，是高校教育事业可持续发展的重要保障和推动力量。

继续推进思政教育工作，可以帮助学生树立正确的人生目标和追求，培养他们的创新精神和实践能力，使他们具备应对未来社会挑战的能力。通过思政教育，学生将理解社会的不同发展阶段和历史进程，增强对文化传统和精神文明的尊重和传承意识，培养他们的社会责任感和使命感。

高校思政教育还可以促进学生的全面发展，培养他们的批判性思维和创新能力，培养自主学习和自主思考的能力，引导他们积极参与社会实践和公益活动，提高他们的综合素质和竞争力。通过思政教育，学生将更加珍视和维护社会的和谐稳定，传承和发扬中华民族的优秀传统文化，为实现中华民族伟大复兴而奋斗。

高校思政教育的意义重大而深远，不仅可以帮助学生树立正确的世界观、人生观和价值观，培养他们的爱国主义和社会主义核心价值观，还可以促进学生全面发展，提高他们的综合素质和竞争力，为国家的长远发展培养更多更优秀的人才做出积极贡献，推动高校教育事业的可持续发展。

从上述概念及内涵可以看出，高校思政教育并非仅仅是灌输知识，更是对学生进行全方位的培养和教育，旨在培养学生的思想道德素质、文化修养、实践能力和创新精神。思政教育贯穿于教育教学全过程，是学生终身成长和发展的重要支撑。在高校中，思政教育的实践与探索也取得了一系列显著成效。

以某高校为例，该校大力推进高校思政教育现代化建设，通过设立思政教育基地、开设思政教育课程、组织思政教育实践活动等多种途径，引导学生树立正确的世界观、人生观、价值观。在理论学习、实践活动中，学生深刻体会到思政教育对其人格塑造和思维意识形态的影响。通过思政教育，学生们在校园生活中形成了团结友爱、求实创新的良好风气，积极参与志愿服务、科技创新等活动，展现出了积极向上的青春风采。

统计数据也显示，接受过高校思政教育的学生更具有社会责任感和公民意识，更容易认同社会主义核心价值观，对社会的文明进步和发展具有更强的使命感和责任感。而这些素质的培养正是高校思政教育的根本目标和意义所在。

高校思政教育不仅仅是一门学科的教育，更是学生全面发展的重要保障。通过思政教育的努力与探索，能够培养出德才兼备、有理想信念和社会责任感的新时代青年，为社会的建设和发展注入新的活力和动力。相信在不断探索中，高校思政教育的未来会越来越美好。

高校思政教育的力量是巨大的，它不仅仅是为了传授知识，更重要的是为了培养学生的思想道德素养和社会责任感。通过思政教育，学生们可以在校园中建立起团结友爱、求实创新的氛围，这种风气不仅有利于学生个人的成长，也有益于整个学校的氛围。统计数据显示，受过高校思政教育的学生更具有社会责任感和公民意识，更容易认同社会主义核心价值观，他们对社会的发展充满激情和使命感。

高校思政教育的目标是培养德才兼备、有理想信念和社会责任感的新时代青年，这样的学生不仅在学业上有优异表现，更重要的是他们具备独立思考和创新的能力，能够为社会的建设和发展贡献自己的力量。高校思政教育旨在引导学生树立正确的人生观、价值观和世界观，使他们成为德才兼备、有担当精神的社会栋梁。

随着社会的发展和进步，高校思政教育也在不断更新和完善。学校不仅要注重传授知识，更要重视学生的思想道德素养的培养。在未来的发展中，高校思政教育将继续积极探索，为培养更多优秀青年人才贡献自己的力量。相信在高校思政教育的引领下，我们的社会将迎来更加美好的明天。

三、思政教育的理论基础

思政教育作为一种特殊的教育形式，在中国高校里起源于20世纪五六十年代。随着时代发展和社会变革，思政教育也日益受到重视和关注。思政教育的基本概念是培养学生正确的世界观、人生观和价值观，引导他们树立正确的价值取向，提高政治素质和道德水准，使他们成为德智体全面发展的社会主义建设者和接班人。

思政教育的理论基础主要来源于马克思主义的世界观和方法论，包括社会主义核心价值观等一系列理论体系。这些理论为高校思政教育提供了坚实的理论基础，使其对学生进行德育、智育和体育全面培养具有深刻的理论指导和方法支持。

思政教育的发展历程可以追溯到20世纪五六十年代的高校革命斗争运动，当时高校思政教育主要以政治思想教育为主。随着改革开放的深入和现代教育理念的影响，思政教育逐渐拓展到人文素养、社会责任、践行思政、德智体美劳全面发展等方面。不同学派的思想家，如陈其通、钱基博、韩庆田等，也为高校思政教育的理论探索和实践创新做出了积极的贡献。

随着时代的不断推进和理论的不断深化，高校思政教育在实践中也在不断探索和发展。未来，高校思政教育将继续秉承马克思主义的指导思想，立足中国特色社会主义核心价值观，不断深化思政教育的内涵，提高教育质量，培养更多担当民族复兴大任的时代新人。

思政教育是一种融合了思想和政治教育的整体教育理念，旨在培养学生正确的世界观、人生观和价值观，引导他们树立正确的政治立场和观念，提升自身人文素养和社会责任感。思政教育的目标是培养德智体美劳全面发展的社会主义建设者和接班人。

在高校，思政教育贯穿于教学、科研、校园文化建设等各方面，其理论基础主要包括马克思主义哲学、中国特色社会主义理论等。马克思主义哲学指导下的思政教育，强调把握历史发展逻辑，弘扬中华民族优秀传统文化，激励学生勇攀科学高峰，开创未来伟业。

思政教育的理论体系主要包括教育思想、教育学说、教育原则、教育方法等方面。其中，习近平新时代中国特色社会主义思想对高校思政教育提出了新的要求和挑战。要以习近平新时代中国特色社会主义思想为指导，坚定马克思主义信仰，强化爱国主义情怀，增强社会责任感，培养社会主义建设者和接班人。

在实践中，高校思政教育需要注重理论联系实际，贯彻立德树人根本任务。要积极开展各种形式的思政教育活动，如专题讲座、主题班会、社会实践等，引导学生扎根中国大地，增长见识，锤炼意志，促进全面发展。

高校思政教育理论与工作的探索是一个不断完善和深化的过程，需要教师们不断提高思政教育的理论水平和实践能力，为培养德智体美劳全面发展的社会主义建设者和接班人不懈努力。

思政教育的理论核心在于培养学生正确的世界观、人生观和价值观。在当今社会，价值观的多元化和碎片化给青年学生的思想观念带来了挑战。因此，高校思政教育要注重深化学生的价值观塑造，引导学生正确看待社会现实，树立正确的人生目标和价值取向。

作为思政教育的理论核心之一，学生的理论素养和思想修养的提高也是至关重要的。高校思政教育应当注重对学生进行全面、系统的思想政治教育，使他们能够从理论上、观念上觉醒，从而增强维护国家统一、民族团结、社会稳定的责任感和使命感。

思政教育还应当关注学生的品德修养和道德素质培养。高校是人才培养的重要阵地，培养德智体美全面发展的社会主义建设者和接班人是高校思政教育的根本目标。因此，高校思政教育要注重弘扬社会主义核心价值观，积极引导学生树立正确的道德观念，倡导学生遵纪守法，尊重他人，关爱社会。

高校思政教育还应当注重学生的创新意识和实践能力培养。随着科技的快速发展和社会的不断进步，高校毕业生不仅要具备过硬的专业知识和技能，更要具备创新精神和实践能力。因此，高校思政教育应当注重培养学生的实践能力，激发学生的创新意识，引导学生将所学知识运用于实践中，使他们成为能够适应社会发展的全面发展型人才。

高校思政教育的理论核心是培养学生正确的世界观、人生观和价值观，提高学生的理论素养和思想修养，关注学生的品德修养和道德素质培养，注重学生的创新意识和实践能力培养。只有始终坚持这些核心内容，高校思政教育才能真正实现其育人目标，为国家和社会培养更多更优秀的人才。

高校思政教育的理论核心贯穿着对学生全面素质的培养，旨在引导学生树立正确的人生目标和追求，锤炼他们的意志品质和奋斗精神。思政教育应当注重培养学生的社会责任感和使命感，促使他们承担起建设美好社会的责任和义务。同时，高校思政教育也要注重培养学生的团队合作意识和沟通能力，帮助他们建立良好的人际关系和合作精神。

在当今竞争激烈的社会环境中，高校毕业生面临着各种挑战和机遇。因此，高校思政教育应当着力培养学生的适应能力和抗压能力，帮助他们在面对困难和挑战时能够保持乐观的心态和坚韧的意志。只有通过全面的思政教育，学生才能在未来的道路上不断前行，实现自身的人生目标和社会的发展目标。

总的来说，高校思政教育的目的是培养德智体美劳全面发展的社会主义建设者和接班人。通过对学生进行全面系统的教育，帮助他们树立正确的世界观、人生观和价值观，提高他们的综合素质和综合能力，从而使他们在未来能够胜任各种工作和挑战，为实现中华民族伟大复兴的中国梦而努力奋斗。

在高校思政教育的实践中，理论创新是推动思政教育事业发展的核心动力。随着时代的发展和社会的变迁，传统的思政教育理论已经无法完全满足当代大学生的需求和挑战。因此，高校思政教育领域正不断探索新的理论路径，凝练出一系列新思想、新理论、新方法。

在思政教育理论创新中，马克思主义中国化理论为高校思政教育提供了根本指导。当代大学生群体特点、社会发展趋势等新情况给高校思政教育提出了新要求和新挑战，因此马克思主义中国化理论必须与时俱进，不断进行创新和发展，为高校思政教育提供坚实的理论基础。

思政教育在理论创新中应注重把握时代特点和教育实践需求。例如，党的十九大提出了“中国特色社会主义进入新时代”的重大命题，高校思政教育理论也必须贯彻这一精神，深入挖掘新时代背景下的思政教育内容和方法，确保思政教育工作始终与时代同步。

思政教育的理论创新还体现在教育内容和方法的创新上。随着大数据、人工智能等新技术的发展，高校思政教育可以借助这些技术手段，开展个性化、多样化的教学活动，提升学生的参与度和学习效果。同时，多元化的教学模式也有利于激发学生的学习兴趣，促进他们全面发展。

总的来说，高校思政教育理论的创新是必须的，也是迫切需要的。只有不断汲取新的理论成果，与时俱进地开展思政教育工作，才能更好地培养德智体美劳全面发展的社会主义建设者和接班人。期待高校思政教育在理论创新的引领下，走出一条更为前沿和有效的发展道路。

随着社会的快速发展和教育理论的不断更新，高校思政教育亦需要与时俱进，不断进行内容和方法的创新。在新的时代背景下，思政教育需要更加贴近学生的实际需求，积极探索适合新时代特点的教育模式和方法。

个性化教育是现代教育的发展趋势，高校思政教育也不例外。通过对学生个体特点的深入了解和研究，可以更好地针对性地设计教育内容和活动，使每位学生都能够得到有效的思想教育。多样化的教学方法也是非常重要的，通过引入新颖的教学模式和活动形式，可以激发学生的学习兴趣，增强他们对思政教育的认同感和参与度。

同时，借助现代科技的力量，高校思政教育可以更好地利用大数据和人工智能等技术手段，开展在线教育、远程教学等方式，拓展思政教育的传播渠道和载体，提高教育的普及性和效果。这种创新方式不仅可以使思政教育更具时代性，还可以实现教育资源的优化配置和共享，为学生提供更多元化、便捷化的学习途径。

高校思政教育的理论创新是当今社会发展的必然需求，只有不断追求创新和进步，与时俱进地调整教育内容和方法，才能更好地培养出合格的社会主义建设者和继承者。期待高校思政教育在理论创新的指引下，实现更高水平的发展，为培养德智体美劳全面发展的社会主义建设者做出更大的贡献。

四、思政教育的现状分析

目前，高校思政教育面临着多重挑战和机遇。一方面，政策文件对思政教育进行了明确规定和要求，要求高校在加强德育和传统文化教育的同时，注重理论教育和实践教育的结合，培养学生的社会责任感和创新精神。另一方面，高校思政教育也在不断创新和实践中，积极探索符合时代需求和学生特点的教育模式和方法。

在实践方面，一些高校通过开展各类思政教育活动，如专题讲座、讨论班、读书会等，引导学生树立正确的人生观、价值观，提高他们的社会责任感和使命感。同时，一些高校也积极开展社会实践活动，让学生走出校园，走进社会，亲身感受社会发展的脉搏，增强他们的实践能力和应变能力。

在成果方面，高校思政教育取得了一些显著成绩。一方面，学生的思想政治素质得到了提高，他们的综合素质也得到了锻炼和提升。另一方面，一些学生在社会实践中表现突出，获得了各种奖项和荣誉，展示了高校思政教育的成果和价值。

总的来说，高校思政教育在政策、实践和成果方面都取得了一定的进展和成就，但也还存在一些问题和不足，如教育资源分配不均衡、教育教学方法单一等。因此，高校思政教育需要继续深化改革，创新教育理念和方法，加强师资队伍建设，提高教育教学质量，为培养德智体全面发展的社会主义建设者和接班人做出更大贡献。

高校思政教育的现状需要不断地完善和提升，只有在与时俱进、不断创新的基础上，才能更好地适应时代发展的需求，为学生的成长和发展提供更加有力的支持和指导。希望各高校在思政教育方面能够不断探索，不断前行，为我国高等教育事业的发展贡献自己的力量。

高校思政教育的现状需要与时俱进，不断深化改革，推动教育教学方式的多样化发展。只有通过不懈努力，不断创新教育理念和方法，高校思政教育才能更好地适应当代学生的成长需求，为他们提供更为全面的教育指导。同时，高校在思政教育方面还需注重师资队伍的建设，培养一支德才兼备、专业素养过硬的教师团队，为学生成长提供更加有效的引领和帮助。

高校思政教育还需要重视教育资源的优化配置，确保教学设施设备的完善和教育资源的充分利用。同时，高校还需加强与社会的联系和交流，积极开展各种形式的社会实践和志愿活动，为学生提供更广阔的实践平台，增强他们的社会责任感和使命感，培养他们的创新精神和实践能力。

在未来的发展中，高校思政教育还需注重引导学生树立正确的世界观、人生观和价值观，培养学生的综合素质和能力，使他们成为具有高度责任感和社会使命感的新时代建设者和接班人。希望各高校在思政教育方面能够不忘初心，砥砺前行，为我国高等教育事业的蓬勃发展贡献自己的力量。

高校思政教育存在一些问题。首先是师资队伍结构不合理。一些老师的专业知识扎实，但在思政教育理论和方法上并不够深入；另一些老师思政教育理论水平较高，但缺乏实际教学经验，难以将理论与实践有效结合起来。这导致思政课堂教学效果不佳，学生的思想认识并没有得到有效提升。

其次是现行的思政教育评估体系存在问题。目前，大多数高校采用的是定性评价的方式，缺乏客观性和科学性。这使得一些老师追求形式主义，而非真正关心学生的思想政治教育效果。同时，评价标准的单一化也让思政教育变成了一种形式主义的“任务”，而非真正的价值引导。

再次是思政教育内容过于单一也是一个问题。大部分高校的思政课程内容主要围绕着马克思主义理论、社会主义核心价值观等方面展开，而忽略了学生对当下社会问题的思考和讨论。这让思政课变得枯燥乏味，难以引起学生的兴趣和热情，影响了思政教育的效果。

最后是高校思政教育在实践中存在一定的局限性。由于思政教育是一种对学生思想进行引导和培养的工作，难以量化，因此在实施过程中很难量化效果或者得到明显的成效。这给高校思政教育工作者带来了一定的困扰和挑战，也让高校思政教育的效果难以被外界客观评价。

高校思政教育在实践中存在诸多问题，需要我们认真思考和解决。只有不断探索和完善思政教育的理论与工作方法，才能更好地培养出德智体美劳全面发展的社会主义建设者和接班人。

高校思政教育的发展趋势值得我们深思和探讨。随着时代的发展和社会的变迁，高校思政教育理论与工作面临着新的挑战和机遇。未来，高校思政教育的发展方向将更加注重培养学生的思想品德和社会责任感，强调学生全面发展和终身发展的理念。

高校思政教育将更加重视培养学生的创新精神和实践能力。随着科技的不断进步和社会的快速发展，高校思政教育需要更加关注学生在实践中的表现和能力培养。通过开展社会实践、创新创业等活动，激发学生的创新思维，培养他们解决实际问题的能力和勇气。

高校思政教育将更加注重学生的全面发展和自我管理能力。随着社会竞争的加剧和个人发展的多样化，高校思政教育需要引导学生树立正确的人生观和世界观，培养他们自我认知和自我管理的能力。通过开展心理健康教育、职业规划指导等活动，帮助学生认清自我、规划未来。

高校思政教育将更加关注学生的社会责任感和公民意识。在信息爆炸的时代，高校思政教育需要通过开展社会实践、志愿活动等途径，引导学生关心社会、参与公益，培养他们的社会责任感和公民意识，让他们成为具有社会责任感的公民。

高校思政教育的发展趋势将更加注重学生的创新能力、全面发展和自我管理能力，以及社会责任感和公民意识的培养。这不仅是高校教育的使命所在，也是适应时代发展和社会需求的必然选择。期待高校思政教育能够不断创新和完善，为培养德智体美劳全面发展的社会主义建设者和接班人做出更大的贡献！

随着时代的发展，高校思政教育将进一步加强对学生综合素质的培养，注重引导学生树立正确的人生观、价值观和世界观。通过开展多样化的课程和活动，激发学生的创新潜能，提升他们的实践能力和团队合作精神。

高校思政教育还将重点关注学生的社会适应能力和跨文化意识。通过开展国际交流、跨学科研究等项目，帮助学生拓宽视野，增强与不同文化背景人士的沟通能力和理解力，培养他们的国际化视野和跨文化沟通能力。

在未来发展中，高校思政教育还将强化学生的人文关怀和社会关怀意识。通过开展公益活动、参与志愿者服务等方式，让学生深刻理解社会的发展需求和人民的期盼，培养他们发扬爱国主义精神和社会主义核心价值观，树立为人民服务、报效祖国的信念和行动。

最终，高校思政教育的目标是培养具有全面发展、创新思维和社会责任感的高素质人才，为国家建设和社会发展贡献力量。希望未来高校思政教育能够与时俱进，不断拓展教育领域，为学生的成长和社会的进步开辟更广阔的道路。期待高校思政教育在新时代继续发挥重要作用，为实现中华民族伟大复兴的中国梦助力加油！

五、思政教育的内在关系

思政教育是高校教育中的重要内容，具有深刻的内在关系。通过思政教育，学生可以不断增进自己的思想道德水平，促进个人全面发展。在学生发展的过程中，思政教育扮演着至关重要的角色，引导学生树立正确的世界观、人生观和价值观，培养学生积极向上的人格品质和社会责任感。思政教育旨在使学生更好地适应社会发展需求，提高自身综合素质，促进社会和谐稳定。通过思政教育，学生可以更好地认识自己，树立正确的人生目标，发展自己的个性和潜能，实现个人价值和社会贡献。思政教育不仅是学校的责任，也是学生自身发展的需要，是学生全面成长的重要支撑。愿所有学生在思政教育的引导下，不断提升自己，拓展自己的视野，为社会发展做出积极贡献。

思政教育作为高校教育的一项重要内容，在学生发展过程中发挥着不可或缺的作用。它不仅可以帮助学生提升自身的思想道德水平，促进个人全面发展，更可以引导学生树立正确的世界观、人生观和价值观，培养积极向上的人格品质和社会责任感。通过思政教育，学生可以更好地适应社会发展需求，提高自身综合素质，促进社会的和谐稳定。思政教育也有助于学生更好地认识自我，树立明确的人生目标，发展个性和潜能，实现个人价值和社会贡献。它不仅是学校的责任，更是学生自身发展的需要，是学生全面成长的支撑。希望通过思政教育的引导，每一位学生都能不断提升自我，开阔视野，为社会发展注入更多正能量。愿所有学生在思政教育的指引下，成为有担当、有情怀、有理想的时代新人，为建设美好未来贡献自己的力量。

高校思政教育理论与工作探索，侧重于培养学生扎实的道德品质和社会责任感，引导学生正确处理个人发展与社会要求的关系，推动学生综合素质的提升和全面发展。思政教育不仅仅是对学生进行学术知识的传授，更是要通过引导学生正确树立人生观、价值观和世界观，培养学生的创新思维和审美情趣，提高学生的社会责任感和自我管理能力，引领学生积极探索人生意义、实现自身的人生目标。

思政教育的内在关系主要体现在思想政治理论与教育教学实践之间的有机结合。通过深入开展思政课程，结合当今社会的现实问题和时代特点，引导学生正确认识自身，理解国家和社会的发展规律，掌握正确的社会观念和行为准则，树立正确的人生价值观和人生目标，推动学生健康成长、积极进取，并最终成为德才兼备、有担当的社会栋梁。

思政教育与社会进步密不可分，它既是推动社会进步的重要力量，也是社会进步的重要内容。只有通过思政教育，引导学生牢固树立正确的道德观念和价值取向，激励学生为实现国家富强、民族复兴而努力奋斗，才能培养出具备国家责任感和社会担当的优秀人才，为社会的繁荣稳定和人类文明的进步做出积极贡献。思政教育的深化不仅促进了学生的全面发展，更推动了社会的进步与发展，实现了个体与社会、国家与民族、世界与人类的共同发展和繁荣。

高校思政教育与国家发展密不可分。高校作为国家培养人才的重要阵地，思政教育是高校教育的灵魂。高校思政教育是为了培养德、智、体、美全面发展的社会主义建设者和接班人，必须与国家发展相互促进。高校思政教育要紧密结合国家发展战略，坚持立德树人、德育促学、学为人师、行为世范，培养担当民族复兴大任的时代新人，为国家发展注入强大合力。高校思政教育必须牢固树立“四个意识”，坚定“四个自信”，做到“两个维护”，引领学生树立正确的政治方向，培养爱国主义、集体主义、社会主义的价值观念，推动国家科技、文化、经济的快速发展，为实现中华民族伟大复兴奠定坚实的人才基础。高校思政教育要以人才培养为根本任务，整合各方资源，加强思想政治理论课程建设，强化高校师生的政治素质和道德品质，形成良好的育人环境，培养具有全球视野和创新能力的优秀人才，为国家走向现代化、建设社会主义现代化强国做出积极贡献。高校思政教育与国家发展密切相关，两者相互依存、相互促进，共同构建和谐稳定的社会发展大局，实现中华民族伟大复兴梦想。

高校思政教育是高等教育中一项重要的任务，是培养学生综合素质和思想道德的重要途径。思政教育的内在关系紧密联系着培养学生全面发展的目标，是高校教育整体工作的重要组成部分。在全球化背景下，思政教育更应当注重国际视野和全球治理的理念，促进学生在思想道德和全球意识方面的提升。思政教育与全球治理的思想相辅相成，共同构筑着一个和谐、稳定的世界秩序。在这一过程中，高校思政教育在传承优秀传统文化的同时，也应当不断适应时代发展的要求，推动学生积极参与全球事务，提升其国际竞争力。高校思政教育的实践需要与全球治理的现实需求相结合，为学生提供更广阔的发展空间和更丰富的学习资源，促使他们在全球化背景下能够更好地适应环境，实现自身价值。在推动全球治理的过程中，高校思政教育的理论与实践探索必将发挥越来越重要的作用，为培养德智体美全面发展的社会主义建设者和接班人做出积极贡献。

在全球化的今天，思政教育已经不再只是培养学生的道德情操，更要引导他们关注世界的变化和发展趋势。全球治理的理念与思政教育的实践相互交融，呼应着时代的需求。高校应当积极引导学生走向国际化，培养他们具备全球视野和全球意识，能够在国际舞台上立足并获得成功。思政教育需要与全球治理的现实需求相结合，为学生提供更广阔的发展空间和更丰富的学习资源，助力他们更好地适应全球化的挑战。高校思政教育的使命在于培养具有国际竞争力和文化自信的新时代人才，为推动全球治理提供智力支持和人才储备。只有紧密联系全球治理，不断探索新的教育方法和理念，高校才能更好地履行其社会责任，培养出更多有思想、有能力的社会建设者和领导者。未来，高校思政教育还需在研究全球治理理念的基础上，深化教育改革，不断拓展学生的国际视野，培养全面发展的人才，为构建和谐、稳定的全球秩序贡献自己的力量。思政教育与全球治理的共同努力将为世界带来更多的和平与发展，为全人类的共同未来谱写出更加美好的篇章。

第二章　高校思政教育的重要性和作用

第一节　思政教育在高校的意义

一、培养学生正确的世界观、人生观、价值观

通过高校思政教育，学生可以接触到丰富的思想文化，了解不同的价值体系和人生观念。这有助于他们更好地认识自己、认识世界，形成独立、自主、全面发展的个性。在这个过程中，学生会逐渐树立正确的人生观和社会责任感，懂得珍惜自己的学习机会和成长环境。

高校思政教育还要引导学生树立正确的人生目标。人生是一场旅程，每个人都应该有明确的目标和追求。通过思政课程和各种社会实践活动，学生可以更清晰地认识自己的兴趣和优势，同时也能够了解社会的需求和发展方向。在这个过程中，学生可以逐渐明确自己的人生方向，为未来的奋斗目标制定清晰的计划和路径。

高校思政教育也能够帮助学生树立正确的人生观念。现代社会是一个多元化、开放性很强的社会，人们在面对各种选择和挑战时需要具备正确的人生观念来指导自己的行为和决策。思政教育应当引导学生树立正确的人生观念，包括对生活的态度、对工作的认识、对家庭的价值等方面的理解和把握。只有树立正确的人生观念，才能够在社会中健康成长、快乐生活。

总的来说，高校思政教育在培养学生正确的世界观、人生观、价值观方面发挥着重要的作用。通过适时的引导和教育，可以帮助学生更好地认识自己、明确目标、树立正确的人生观念，走向成功和幸福的人生道路。希望高校思政教育能够更加重视这方面的工作，为学生的成长和发展提供更好的保障和支持。

高校思政教育的另一个重要作用是帮助学生建立正确的人际关系观念。现代社会是一个充满竞争和挑战的社会，人们需要具备良好的人际关系能力才能在工作和生活中取得成功。思政教育应当引导学生正确看待他人，尊重他人的权利和尊严，培养团队合作意识和沟通技巧。只有建立健康的人际关系，才能够在社会中获得他人的认可和支持。

高校思政教育还能帮助学生正确看待社会，理解社会的发展规律和变化趋势。现代社会是一个充满机遇和挑战的社会，人们需要具备正确的社会观念来适应社会的发展需求。思政教育应当引导学生深入了解社会现状，关注社会问题，积极参与社会实践活动，培养社会责任感和使命感。只有正确看待社会，才能够在社会中有所作为，实现自身的发展和价值。

总的来说，高校思政教育在引导学生树立正确的人生观念的同时，也在培养学生良好的人际关系观念和社会观念方面发挥着重要作用。通过适时的引导和教育，可以帮助学生成为具有综合素养和社会责任感的新时代青年，为建设美好社会、实现中华民族伟大复兴做出积极贡献。希望高校思政教育在未来能够更加深入地开展这方面的工作，为学生的全面发展提供更多的支持和指导。

在高校思政教育中，培养学生正确的世界观、人生观和价值观是至关重要的。学生在校园中度过了青春年华，他们需要正确的引导和教育，帮助其建立积极向上的人生态度。

正确的世界观能够让学生更加客观地看待世界，认识到世界的多样性和复杂性。在一个开放包容的社会里，学生需要具备正确的世界观，对各种文化、思想有包容和理解的态度。只有这样，他们才能更好地融入社会，做出更好的决策。

正确的人生观能够帮助学生更清晰地认识自己的人生价值和目标。每个人都有自己的人生轨迹，但如何在这个轨迹上走得更加坚定、更加有意义是需要思考的问题。高校应该引导学生理性看待人生，明确自己的追求和目标，勇敢地朝着自己的梦想前进。

正确的价值观可以帮助学生建立起正确的道德底线和行为准则。在当今社会，诱惑和困惑无处不在，而正确的价值观可以让学生在困难和挑战面前保持清醒和坚定，做出正确的选择。

因此，在高校思政教育中，引导学生正确看待社会、生活和人生是非常重要的。只有让学生建立正确的世界观、人生观和价值观，才能让他们更好地适应社会的变化，成为有担当的社会栋梁。

在未来的工作中，高校思政教育需要更加注重学生的全面发展，不仅要培养他们的专业技能，还要培养他们正确的人生观和价值观。只有这样，我们才能培养出更加优秀、有担当的新一代人才，为建设一个繁荣、和谐的社会做出贡献。

在当今社会的急速发展中，学生们面临着更多的选择和挑战。正确的世界观、人生观和价值观成为他们在追求梦想和面对困难时的指引。在这个过程中，学生们需要明确自己的追求和目标，坚定地朝着梦想前进，不被外界的干扰和诱惑所左右。

只有树立正确的人生观和价值观，才能让学生真正做到有所担当，对自己的行为负责，对社会负责。在高校思政教育中，培养学生正确看待社会、生活和人生的能力至关重要。通过引导学生思考人生的意义、社会的发展以及每个人在其中的作用，可以帮助他们更好地理解自我与他人、自我与社会的关系，形成积极向上的生活态度。

正确的价值观可以让学生在困难和挑战面前保持理性和勇气，坚持自己的信念和原则。只有树立正确的道德观念和行为准则，学生们才能在面对各种诱惑和困惑时保持清醒和坚定，做出符合社会规范和伦理道德的选择。

未来的工作中，高校思政教育需要更加注重学生的全面发展，不仅要关注他们的学术能力，更要重视他们的人文素养和社会责任感。只有通过引导学生正确看待社会、生活和人生，才能培养出真正具备担当精神和社会责任感的优秀人才，为社会的繁荣与进步贡献自己的力量。

高校思政教育的重要性不言而喻，其中一个重要的方面就是培养学生独立思考和批判能力。作为高校论文导师，我们需要引导学生通过思政教育，培养他们良好的思维习惯和辨别能力，使他们能够独立思考问题，理性分析，做出正确的判断。这不仅有助于他们在学术研究中做出独创性成果，更重要的是为他们今后的工作和生活打下坚实的基础。在当今信息爆炸的时代，培养学生批判性思维是至关重要的，只有具备批判性思维能力才能在复杂多变的社会中保持清醒的头脑，做出正确的选择。

通过开展各种形式的思政教育活动，高校可以帮助学生树立正确的人生观和价值观，使他们在面对各种诱惑和挑战时保持清醒、坚定。只有坚持正确的人生观和价值观，才能引领学生走向成功的人生道路，做出有意义的事业。所以作为论文导师，我们要不断强化学生的思政教育，引导他们正确看待人生和价值，并培养他们做一个有担当的人。通过思政教育，我们可以帮助学生树立正确的人生观和价值观，激发他们的内在动力，使他们在逆境中保持坚强，在成功之路上持续前行。

在当代社会，批判性思维能力的培养已经成为高校教育的重要任务之一。作为论文导师，我们不仅需要关注学生的学术能力，更要注重对其思想品质和人生观的塑造。只有具备批判性思维的学生才能在充满挑战和变数的现实中游刃有余，做出正确的判断和决策。

通过丰富多样的思政教育活动，高校可以引导学生建立正确的人生导向和价值取向，从而帮助他们在社会中保持理性和坚定。只有树立正确的人生观和价值观，学生才能找到成长的方向，迈向成功的人生之路，实现自己的抱负和理想。因此，我们作为论文导师，应该加强对学生的思想引导和教育，培养他们成为有担当有责任心的社会人才。

通过思政教育，我们可以激发学生内在的动力和潜能，使他们在逆境中坚韧不拔，勇往直前。只有拥有正确的人生观和价值观，学生才能在风雨中坚守初心，不忘使命，为实现自己的人生价值而努力奋斗。因此，在教育过程中，我们要注重帮助学生树立正确的人生信念和追求，引导他们在人生的道路上勇敢前行，迈向光辉的未来。愿我们的引导和教育能够帮助学生建立坚实的思想基础，实现自身的人生理想和抱负。

二、培养学生社会责任感和使命感

高校思政教育是高等院校教育中的重要一环，其意义不仅在于传授知识，更在于培养学生的社会责任感和使命感。通过思政教育，学生能够认识到自己在社会中的定位和责任，树立正确的人生观和价值观。同时，思政教育也能够激发学生的爱国爱校情感，使他们热爱祖国、热爱学校，为国家和学校的发展贡献自己的力量。通过思政教育，学生不仅能够学会专业知识，更能够树立正确的人生目标，为社会的发展做出积极的贡献。高校应该注重思政教育的实施，通过多种形式和途径，引导学生树立正确的人生观和价值观，激发他们的社会责任感和爱国情感，使他们成为德、智、体、美、劳全面发展的社会主义建设者和接班人。

在这个快节奏的社会中，高等院校的思政教育显得尤为重要。学生作为社会的新生力量，他们的社会责任感和爱国情感的培养不仅关乎个人的成长，更关乎整个社会的发展。思政教育应该贯穿于学生的日常学习和生活中，通过各种活动和课程，引导学生树立正确的人生导向和价值观念。只有让学生在接受专业知识的同时，也注重精神层面的培养，才能真正做到全面发展，为社会的繁荣做出贡献。

爱国爱校的情感是思政教育的重要内容之一。作为祖国的花朵，学生应该热爱自己的国家，为国家的繁荣和安宁贡献自己的力量。同时，学校是学生学习成长的摇篮，学生应该珍惜学校提供的学习机会和资源，为学校的发展出一份力。只有真正懂得爱国爱校，学生才能更好地融入社会，为国家和学校的建设贡献自己的一份力量。

思政教育不仅要培养学生的社会责任感和爱国情感，更要引导学生明辨是非，树立正确的世界观和价值观。当面对社会的诱惑和困惑时，学生应该坚定自己的信念，永远不忘初心，始终保持对真善美的追求。思政教育的目的就是培养学生成为全面发展的社会主义建设者和接班人，让他们在未来的道路上闪耀出耀眼的光芒。高校应该不断完善思政教育体系，不断提升教育质量，为学生的成长和社会的进步提供坚实的基础。愿每一个学子都能在思政教育的熏陶下，茁壮成长，成为国家的栋梁之材。

高校的思政教育对学生起到了非常重要的作用，不仅仅是传授知识，更重要的是培养学生的社会责任感和使命感。通过思政教育，学生能够认识到自己作为一名大学生应该承担的责任和使命，深刻理解自己在社会发展中的角色和重要性。思政教育激发了学生为社会发展贡献力量的愿望，让他们意识到自己的能力和潜力，从而更加积极地投身到社会建设中，为国家和社会做出自己应有的贡献。这种责任感和使命感不仅能够推动学生更加努力地学习，更能激发出他们对于社会问题的关注和解决的积极性，为建设美好的社会贡献自己的力量。通过思政教育，学生的思想境界得到了提升，综合素质也得到了全面的提高，使他们能够更好地适应社会的发展和变化，成为具有社会责任感和使命感的新时代青年。

学生为社会发展贡献力量的愿望是高校思政教育的重要内容之一。学生在接受这种教育的过程中，逐渐树立起自己对社会的责任感和使命感，意识到自己所处的环境和社会是如此需要他们的参与和贡献。这种意识的转变并非一蹴而就，需要高校不断引导和激发。在这个过程中，学生开始更加积极地投入到各种社会实践中，希望通过自己的力量为社会做出一份贡献。

随着思政教育的深入和持续，学生们意识到社会问题的严重性和紧迫性，也明白自己可以通过学习和实践来解决这些问题。他们不再只是为了自身的发展而努力，而是更加关注社会的发展和进步，时刻准备着为之奉献自己的力量。在课堂上，他们热情参与讨论，不仅仅是为了得到分数，更是为了拓宽自己的视野和思维，为将来的社会实践做好铺垫。

通过思政教育，学生逐渐形成了独立思考、勇于实践的品格，他们开始主动关注社会热点问题，积极参与到各种志愿活动中。他们不再满足于课堂上的知识，还会主动去了解社会上的新事物，通过自己的努力在其中寻找并实现自己的梦想。在这个过程中，他们逐渐找到了自己想要走的道路，明确了自己的人生目标，并为之努力奋斗。

最终，通过思政教育的引导和激励，学生们凭借自己的勇气和执着，在追求知识的道路上越走越远，同时也为社会的发展进步贡献出自己的一份力量。他们成为了具有社会责任感和使命感的新时代青年，为建设美好的社会贡献着自己的力量，为国家的繁荣昌盛贡献着自己的智慧和力量。正如一句古语所说，行动胜过言辞，唯有奉献，才能书写出属于自己的青春篇章。

高校思政教育的重要性在于引导学生树立正确的人生观、价值观和世界观，增强学生的社会责任感和使命感。通过开展思政教育，高校可以培养学生的家国情怀，使他们认识到自己的使命和责任，为国家和民族的发展贡献自己的力量。家国情怀是民族情感的延伸和升华，是对祖国、对人民的热爱和忠诚。思政教育不仅是学生个人成长的重要环节，也是国家建设和发展的重要支撑。

通过思政教育，高校可以引导学生树立正确的历史观和使命感，使他们认识到自己作为国家的建设者和未来的接班人的重要性。家国情怀的培养需要从学生的日常生活和学习中加以引导和呵护，让学生深刻感受祖国的繁荣昌盛和发展成就。只有树立正确的家国情怀，学生才能不忘初心，牢记使命，在祖国的建设和发展中贡献自己的力量。

高校思政教育应该通过多种形式和途径加以推进，包括课堂教学、社会实践、志愿活动等，让学生在实践中增强社会责任感和使命感，培养家国情怀。只有通过对学生的全方位教育和引导，才能真正使他们树立正确的人生观和价值观，成为德才兼备、具有家国情怀的优秀人才。高校思政教育的重要性不可忽视，只有重视思政教育，才能培养出更多担当民族复兴大任的社会栋梁。

家国情怀的培养是高校教育的重要任务之一。除了课堂教学和社会实践，学校还应该通过丰富多彩的文化活动来激发学生的爱国热情。比如举办国学讲座、传统文化体验活动、国家庆典等活动，让学生感受传统文化的魅力，增强对祖国的热爱。同时，学校还可以组织学生参加国家重要节日的庆祝活动，让他们在欢乐中感受祖国的强大和辉煌。

学校还可以通过推荐优秀的爱国主义文学作品、影视作品来引导学生树立正确的家国情怀。通过欣赏这些作品，学生可以更加深刻地认识到祖国的伟大和发展的艰辛，从而激发自己努力学习、为祖国贡献力量的热情。高校还可以邀请优秀的国家领导人、社会各界名人来校演讲，让学生从身边的榜样身上汲取力量，明确自己的责任和使命。

通过以上各种形式和途径，高校可以全方位地培养学生的家国情怀，使他们在成长的过程中不忘初心、牢记使命，为祖国的繁荣和发展贡献自己的力量。只有让每一个学生都深刻理解爱国情怀的重要性，才能真正培养出具有家国情怀的优秀人才。高校思政教育应该持续深化，让学生在接受知识的同时，也能汲取爱国情怀的力量，成为民族复兴的中流砥柱。

高校思政教育是培养学生社会责任感和使命感的重要途径之一，通过思政教育，可以引导学生树立正确的世界观、人生观和价值观，增强学生的社会责任感和使命感。学生在接受思政教育的过程中，可以逐渐意识到自身在社会中的地位和作用，激发出对社会的责任感和使命感，愿意承担起应尽的社会责任，并为实现社会发展、构建和谐社会贡献自己的力量。思政教育不仅有助于学生个人的成长和发展，也促进了社会的进步和发展。通过思政教育，可以培养更多具有社会责任感和使命感的人才，为构建美好社会做出贡献。

在高校思政教育的引导下，学生能够逐渐认识到自己作为社会一员的责任和使命。他们能够在学习和生活中积极践行社会主义核心价值观，关心他人，帮助他人，参与公益活动，为弱势群体提供支持与帮助。通过参与各种社会实践活动，学生们增强了对社会的责任感和使命感，主动关注社会问题，积极提出解决方案，为社会发展和进步贡献自己的智慧和力量。

思政教育还可以激发学生对社会公共事务的参与意识，培养他们的批判性思维和创新发展能力。学生们逐渐明白，要建设一个和谐稳定的社会需要每个人的共同努力，他们主动投身到社会建设和改革中去，积极参与社会治理，为社会稳定与进步贡献自己的力量。

通过思政教育的引领，学生们不仅能够树立正确的人生观和价值观，更能够拥有积极向上的心态，勇于承担责任，勇敢面对挑战。他们愿意为实现社会发展和进步贡献自己的力量，成为社会的建设者和发展的推动者。思政教育不仅丰富了学生的精神世界，也为社会的繁荣和发展注入了新的活力。通过培养学生的社会责任感和使命感，高校思政教育将继续发挥着重要的作用，促进社会的全面进步与发展。

三、培养学生的领导才能和团队精神

高校思政教育在培养学生的组织管理能力方面起着至关重要的作用。通过思政教育的渗透，学生们可以在学习中逐渐培养出组织管理的意识和技能，从而为将来的职业发展打下坚实的基础。在现代社会，组织管理能力已成为一项非常重要的素养，无论是在企业、政府还是社会组织中，都需要具备一定的管理能力才能胜任各种职务。高校思政教育通过开展各种形式的活动和课程，引导学生们熟悉并掌握管理知识和技能，激发学生们的创新思维和领导力，帮助他们在未来的职业生涯中更好地适应和发展。只有提升学生的组织管理能力，才能更好地适应社会的发展需求，成为新时代的栋梁之材。

高校思政教育在培养学生的组织管理能力方面，可以通过多种方式来实现。比如开展各类管理实践活动，如学生会、社团等组织的管理工作，让学生们在实际操作中学习管理技能。同时，设置相关的专业课程，如管理学、领导学等，让学生了解管理理论知识，提升自己的管理水平。在课堂上进行案例分析，让学生们学习实际案例，培养解决问题的能力。通过思政教育活动，引导学生参与社会实践和志愿者活动，锻炼学生的团队协作和领导能力，提高组织管理技能。高校可以建立管理实践基地，为学生提供实践机会，让他们在实践中不断提升管理水平。

除此之外，高校还可以邀请企业管理者、政府官员等相关领域的专业人士来校进行专题讲座，分享实践经验和管理技巧，帮助学生更好地了解管理行业的发展趋势和要求。同时，高校可以组织学生参加管理类比赛和竞赛，为学生提供展示才华和锻炼管理技能的平台。通过这些举措，高校可以帮助学生全面提升组织管理能力，为他们未来的职业发展奠定更加坚实的基础。

高校思政教育在培养学生的组织管理能力方面发挥着至关重要的作用。通过各种形式的活动和课程，高校可以引导学生逐步掌握管理知识和技能，激发学生的创新思维和领导力，帮助他们更好地适应社会的发展需求。只有不断提升学生的组织管理能力，才能培养出更多能够胜任各种职务的优秀人才，为社会的发展做出更大的贡献。

高校思政教育在当今社会中具有非常重要的意义，它不仅仅是传授知识，更重要的是培养学生的领导才能和团队精神。在现代社会中，一个人很难独立完成所有事情，团队合作显得尤为重要。通过思政教育，学生能够更好地理解团队合作的重要性，懂得如何处理人际关系，更好地与他人沟通和协调，从而更好地融入团队，发挥出个人的才能和优势。只有拥有团队合作精神的学生才能在未来的社会中取得更大的成就。

思政教育也能够培养学生的沟通和协调能力，这是现代社会中非常重要的一项能力。在团队合作中，沟通能力是至关重要的，只有双方能够清晰地表达自己的意见和想法，才能更好地协作完成任务。而协调能力则是指学生在团队合作中如何有效地协调各方的利益和意见，使得团队能够更好地运转，达成共同的目标。通过思政教育，学生不仅能够提高自己的沟通能力，更能够学会如何在团队中协调各方的不同意见，达成共识，从而更好地完成团队的任务。

因此，高校思政教育在培养学生领导才能和团队精神、沟通和协调能力方面起着至关重要的作用。通过思政教育，学生能够不断提升自己的团队合作能力，积极融入团队，更好地发挥个人的优势，实现个人和团队的共同发展。这也是高校思政教育一直重视培养学生综合素质和能力的原因之一。

高校思政教育在培养学生的团队合作精神方面起着至关重要的作用。通过思政教育的渗透，学生们在团队合作中能够更好地理解和尊重他人，学会倾听与沟通，培养出相互信任和支持的良好关系，从而形成团结协作的团队精神。在实践中，学生们能够通过团队的合作，实现个人价值和团队目标的有机结合，提升团队的凝聚力和执行力，最终取得更加出色的成绩。在这个过程中，学生们不仅仅能够积极地发挥自己的优势，还能够主动承担责任和义务，培养出自律和团队责任感，为未来的发展打下坚实的基础。思政教育的实施，不仅仅是一种教育内容的传授，更是一种思想品德的潜移默化，从而引导学生们形成正确的团队合作观念和行为方式。通过不断的思政教育，高校能够培养出更加团结协作的学生团队，为社会的发展和进步做出更大的贡献。

培养学生的领导潜力是高校思政教育的重要任务之一。通过系统的思政教育，学生在思想境界和道德修养上得到提升，潜移默化中培养了学生的领导潜力。这种潜在的领导力并不是与生俱来的，而是通过长期的熏陶和培养逐渐形成。在高校思政教育中，学生接受的不仅是知识的灌输，更多的是一种价值观的引领和人格品质的塑造。在这个过程中，学生的领导潜力逐渐得到激发和发展，为将来成为优秀的领导者奠定了基础。

领导潜力的培养不仅仅是个人素质的提升，更是在团队合作和协调中体现。在高校中，学生有着各种各样的活动和实践机会，通过参与社团、学生会、志愿者活动等，学生可以锻炼自己的领导才能和团队精神。在这些活动中，学生需要与他人合作，需要处理各种复杂的人际关系，需要协调各方利益，这些都是培养学生领导潜力的重要途径。

高校思政教育在培养学生的领导潜力方面发挥着重要作用。只有通过思政教育的熏陶和引导，学生的领导潜力才能得到有效的激发和发展。学生在这样的教育环境中，可以更好地认识自己、锻炼自己，最终成为具有领导力和团队精神的优秀人才。思政教育不仅仅是为了学生的成绩，更是为了他们的未来和社会的发展，只有通过思政教育，我们才能培养出更多的领导人才，为社会的进步和发展做出贡献。

四、培养学生的创新意识和创新能力

高校思政教育在培养学生的独立思考能力方面具有重要作用。学生在大学阶段接受的思政教育，不仅仅是传授知识，更重要的是引导学生学会独立思考，形成独立的见解和观点。通过思政教育，学生可以从不同角度审视问题，培养批判性思维和判断能力。这种独立思考的能力不仅可以帮助学生在学术研究中脱颖而出，也可以帮助他们在社会生活中更好地适应和应对各种挑战和问题。在当今信息爆炸的社会背景下，培养学生的独立思考能力显得尤为重要，这不仅是对学生个人发展的要求，也是对当代大学教育的迫切需求。通过思政教育，学生可以逐渐摆脱依赖性思维，形成独立的认知和思考模式，提高处理问题的能力和水平。同时，独立思考能力也是培养学生创新精神和创造力的重要基础，只有拥有独立思考的学生，才能在未来的社会竞争中立于不败之地。因此，高校思政教育应当注重培养学生的独立思考能力，引导他们走出依赖他人的思想误区，形成独立思考、勇于探索的意识和习惯。

在大学教育中，培养学生的独立思考能力是至关重要的。拥有独立思考能力的学生能够更好地应对复杂的问题和挑战，不受他人思想的束缚，能够勇于质疑和探索。独立思考能力的培养不仅可以提高学生的综合素质和学术水平，还可以激发他们的创新潜力和创造力。在社会竞争日益激烈的今天，仅仅依靠传统的知识技能已经不能满足人才需求，更需要具备独立思考能力的人才。通过思政教育，学生可以逐步形成独立思考和判断问题的能力，不断提升自身的认知水平和综合素质。只有通过自主学习和思考的过程，学生才能真正理解和掌握知识，将其运用到实践中。高等教育机构应当加强对学生独立思考能力的培养，促使他们在思想上更加自主和理性，成为具有创新精神和探索精神的现代人才。通过培养独立思考能力，学生不仅可以更好地适应社会变革和发展，还可以在未来的职业生涯中取得更大的成功和成就。因此，高校应当重视思政教育，引导学生独立思考，为他们的未来发展打下坚实的基础。

通过思政教育，高校能够培养学生的创新意识和创新能力。这样，学生能够更好地适应社会发展的需要，具备解决实际问题的能力。同时，思政教育也能够帮助学生明确自己的人生目标，提高自我认知能力，从而更好地解决生活中所面临的各种问题。通过思政教育，学生们能够接触到不同领域的知识，拓宽自己的思维，培养自主学习的能力，进而更好地解决复杂的社会问题。这种强调解决问题能力的思政教育，有助于学生在未来的工作和生活中更好地应对各种挑战，做出正确的选择，实现自身的价值。

通过思政教育，高校还可以培养学生的团队合作精神和沟通能力。这样，学生们可以更好地与他人合作，共同解决问题。思政教育还有助于学生发展批判性思维，让他们具备分析和评估问题的能力。通过思政教育，学生们可以了解社会的多样性和复杂性，培养跨学科的能力，从而更好地应对未来的挑战。思政教育还可以激发学生的创造力和创新意识，让他们在解决问题时能够找到更多的可能性和新颖的解决方法。通过思政教育，学生们可以建立起正确的人生观和价值观，从而在面对困难和挑战时能够保持积极的心态。思政教育也可以帮助学生发展自我管理能力和自我激励能力，让他们在追求目标的过程中不断进步。综合来看，思政教育的重点在于培养学生解决问题的能力，这种能力是学生未来成功的基石，也是实现自身发展的关键。通过思政教育，学生们将能够更好地适应社会的发展需要，实现自身的理想和目标。

高校思政教育对于培养学生的创新精神起着至关重要的作用。通过思政教育的引导和教育，学生可以逐渐形成积极的学习态度和创新精神，激发自己的潜能，勇于尝试和创造。这种创新精神不仅可以帮助学生在学术领域取得更好的成绩，更能够在未来的社会生活中做出更多有意义的贡献。因此，高校思政教育应该重视培养学生的创新精神，为他们的成长和发展打下坚实的基础。

思政教育在高校扮演着非常重要的角色，其中之一就是培养学生的实践能力。通过实践，学生可以将在课堂上学到的知识运用到实际生活中，增强对知识的理解和记忆。实践还能够促使学生积极参与社会活动，锻炼自己的组织能力和沟通能力，为将来的工作和生活做好准备。实践还可以帮助学生更好地发现自己的兴趣和优势，引导他们未来的职业方向。实践是高校思政教育中不可或缺的一环，对于学生的全面发展起着至关重要的作用。

实践教育是高校思政教育的重要组成部分，它的作用远不止于培养学生的实践能力。通过实践，学生可以接触更广阔的社会资源，拓展自己的视野，培养跨学科的思维能力。实践也是学生锻炼自己解决问题和独立思考的机会，培养他们的创新精神和团队合作意识。在实际活动中，学生会面对各种挑战和困难，这有助于培养他们的坚韧性格和抗压能力。通过参与不同形式的实践，学生可以建立更广泛的人际关系，提升自己的社交技能和人际沟通能力。实践还可以让学生更加深入地了解社会的发展和需求，引导他们关注社会问题，热心公益活动，培养他们的社会责任感和情怀。可以说，实践教育是高校思政教育的重要渠道和有效手段，对于学生的综合素质提升和个人发展起着至关重要的作用。

五、培养学生的文化素养和人文精神

高校思政教育在培养学生的文学艺术鉴赏能力方面起着至关重要的作用。通过学习文学、艺术等相关课程，学生可以提升对文学、艺术作品的理解能力，培养对美的感知和欣赏能力。同时，思政教育也可以帮助学生通过文学艺术作品感悟人生哲理，提升自身的人文素养。通过扎实的文学艺术鉴赏能力的培养，学生可以更好地理解和把握人文精神，加深对社会、生活的认识，提升自身的综合素质。思政教育的开展不仅仅是传授知识，更是引导学生审视自身、认识社会，发现和体验美好，实现人生的全面发展。

高校思政教育在培养学生的文学艺术鉴赏能力方面扮演着重要的角色，学校通过开设文学、艺术等相关课程，引导学生提升对文学、艺术作品的理解能力，并培养对美的感知和欣赏能力。在这一过程中，通过思政教育的渗透，学生不仅仅是在学习知识，更是在感悟人生哲理、提升人文素养。

文学艺术鉴赏能力的培养，也可以使学生更深刻地理解和把握人文精神，丰富对于社会和生活的认识，提升个人的综合素质。思政教育不仅仅是为了传授知识，更是引导学生审视自己、认识社会，并在文学艺术作品中发现、体验美好，从而实现人生的全面发展。

通过文学艺术的学习，学生可以在感悟中提高情感修养，增强道德观念，培养对真、善、美的追求。在这个过程中，学生会逐渐认识到，文学艺术作品不仅是一种审美享受，更是一种人生哲理的启示，是一种对真善美的追求。思政教育与文学艺术的结合，将帮助学生建立正确的人生观、价值观，使他们具备更强大的人文情怀、更高尚的道德情操。

因此，高校的思政教育应当继续加强对学生文学艺术鉴赏能力的培养，引导学生通过文学、艺术的视角去审视世界、去感悟人生，以此提升自身素养，为未来的发展打下坚实的基础。

高校思政教育的重要性体现在培养学生的文化素养和人文精神方面。通过思政教育，可以帮助学生了解和尊重传统文化，培养对人文精神的热爱和追求。同时，思政教育还能帮助学生形成正确的人生观、价值观，提高他们维护社会和谐稳定的能力。在高校的教育过程中，培养学生的道德情操同样是至关重要的。道德情操的培养不仅涉及个人品德修养，更体现在学生的社会责任感、公民意识和社会公德上。通过思政教育，可以引导学生积极参与社会公益活动，形成良好的社会行为规范和道德观念，有利于他们成为德才兼备的社会主义建设者和接班人。在当今社会，高校思政教育的意义和作用不可忽视，它直接关系到学生的成长成才、社会的和谐稳定，对于促进国家的繁荣富强和长治久安具有重要的作用。

高校思政教育的重要性，对于培养学生的文化素养和人文精神起着至关重要的作用。在现代社会，学生需要具备广泛的知识储备和深厚的人文修养，才能更好地适应社会发展的需求，可以说，思政教育是传授知识、塑造人格的重要途径之一。而从另一个方面来说，思政教育也是培养学生的艺术修养的一种方式。通过学习社会人文知识和参与各类文化活动，学生能够更好地理解和欣赏艺术，进而提升自身的审美情趣和人文素养。因此，高校思政教育应当重视培养学生的艺术修养，以提升学生的整体素质和社会适应能力。

在当今现代社会，学生的综合素质已经成为人们普遍关注的焦点。除了学术方面的知识，学生还需要具备一定的艺术修养和人文素养。艺术修养的培养不仅能够丰富学生的精神生活，更能够提升他们的审美能力和创造力。通过学习和参与各类文化活动，学生能够感受到不同艺术形式的魅力，拓展自己的文化视野。

高校思政教育也应当注重培养学生的审美情趣，帮助他们更好地欣赏和理解艺术。通过引导学生参与文学、绘画、音乐等不同艺术形式的学习和实践，可以激发他们的创作潜力，提高他们的艺术修养水平。艺术修养的培养不仅仅是为了提升学生的审美能力，更是为了促进他们的综合素质和人格塑造。

在社会不断发展的背景下，学生们需要具备更广泛的知识储备和深厚的人文修养，才能更好地适应社会的变化。艺术修养的培养可以让学生更加细腻地感知世界，更加深刻地理解人生。通过学习艺术，学生们能够培养自己的情感和思维，提升自己的审美品味和文化素养。高校思政教育应当以此为目标，不断推动学生的艺术修养水平，为他们的综合素质提升和人格塑造提供更多的支持和指导。艺术修养是学生综合素质的重要组成部分，也是高校思政教育的重要内容之一。

第二节　高校思政教育的具体实践

一、课程设置和教学模式

高校思政教育的基础理论课程设置至关重要。充实的基础理论课程，不仅能够帮助学生建立坚实的思想基础，还可以引导学生深入理解和掌握中国特色社会主义理论体系。在这些课程中，学生将接触到马克思主义、毛泽东思想、邓小平理论、“三个代表”重要思想、科学发展观等重要理论，从而使他们在学术与思想上得到全面的提升。通过这些基础理论课程的学习，学生将进一步认识到中国特色社会主义的伟大理论成果，增强社会责任感和使命感，培养出积极向上的思想和精神。这些课程的设置，是高校思政教育的一项重要举措，对于培养学生的社会主义核心价值观、传承和弘扬中华优秀传统文化具有不可替代的作用。

高校思政教育的基础理论课程设置至关重要。充实的基础理论课程，可以激发学生的学习兴趣和探索欲望，促使他们主动思考和探索社会主义理论。这些课程不仅仅是知识的传授，更是学生综合素质和思想觉悟的磨炼和提升。在基础理论课程中，学生能够培养批判性思维和独立思考能力，从而更好地适应现代社会的发展需求和挑战。基础理论课程也是学生认识自我的重要途径，帮助他们建立正确的人生观、世界观和价值观，使他们成为具有使命感和责任感的新时代青年。通过学习这些课程，学生能够不断提升自身的道德素养和社会责任感，积极参与到社会建设和发展中去，为实现中华民族伟大复兴的中国梦贡献自己的力量。基础理论课程的设置不仅仅是为了传承和弘扬中华优秀传统文化，更是为了引导学生在不断探索和实践中，成长为有理想、有担当、有能力的社会栋梁。因此，高校思政教育的基础理论课程设置必不可少，其重要性不可替代。

高校思政教育的实践教学是培养学生综合素质的重要途径。在实践教学活动中，学生不仅能够将理论知识应用于实际中，还能够增强实践能力和解决问题的能力。通过参与实践活动，学生可以接触社会现实，了解社会需求，培养创新精神和实践能力。在实践教学中，学生可通过参与社会实践、社会服务、社会调研等活动，锻炼自己的领导能力、沟通能力和团队协作能力，不断提升自己的综合素质。实践教学还能够加深学生对于思政教育内涵的理解，激发学生对于社会责任和使命感的认识，使他们具备正确的人生价值观和社会责任感。通过实践教学的开展，高校的思政教育工作能够更好地帮助学生健康成长，引导他们树立正确的世界观、人生观和价值观，为培养社会主义建设者和接班人做出贡献。

实践教学的开展，使学生更加深刻地认识到学习的重要性和实践的必要性。在实践中，他们不仅能够将课堂上学到的知识运用到实际生活中，还能够发现知识的局限性和不足之处，从而激发对知识的追求和探索欲望。通过参与各种实践活动，学生可以结识不同领域的专业人士，拓展自己的人脉关系，为将来的发展打下坚实的基础。

同时，实践教学也有助于培养学生的创新能力和实践能力。在实践中，学生需要主动思考、探索解决问题的方法，培养解决实际问题的意识和能力。通过不断的实践活动，他们可以提高自己的动手能力和实践技能，为将来的职业发展奠定基础。

除此之外，实践教学还可以引导学生形成正确的人生观和价值观。在实践中，学生会接触到各种社会问题和挑战，从而懂得什么是社会责任，认识到自己作为一个社会人的担当。通过参与社会实践和服务活动，他们可以学会关爱他人、帮助他人，树立正确的世界观和人生观，积极投身社会发展。

实践教学是高校教育中不可或缺的一部分。通过实践教学的开展，学生可以全面发展自己的能力，提升自身素质，为未来的社会建设和发展做出积极贡献。希望高校在思政教育工作中，继续加强对实践教学的支持和引导，培养更多具有创新精神和社会责任感的优秀人才。

二、学生思想政治教育活动

在高校中，组织学生参加社会实践是思政教育的重要内容之一。通过参与社会实践活动，学生可以亲身感受社会的现状和需求，增强社会责任感和使命感。学生可以将在课堂上所学的理论知识与社会实践相结合，从而更好地理解和应用所学知识。参加社会实践还可以帮助学生拓宽视野，培养学生的创新能力和实践能力，培养学生的团队协作能力和领导力。通过社会实践，学生可以与社会各界紧密联系，建立起良好的人际关系，为将来的发展奠定基础。社会实践还可以激发学生的社会意识和社会责任感，培养学生的良好道德品质和社会价值观，促进学生全面发展。在实践中，学生将面对各种挑战和困难，锻炼自己的意志和毅力，提高自身的综合素质。通过参与社会实践，学生可以更好地了解自己的兴趣和职业方向，为未来的发展打下坚实的基础。因此，组织学生参加社会实践是高校思政教育的重要举措，有助于培养德智体美劳全面发展的社会主义建设者和接班人。

在社会实践中，学生还可以学习到实践中的感恩与奉献，培养出一颗感恩的心和乐于助人的品质。通过参与社会实践，学生可以更好地了解社会的现状和需求，从而更好地为社会做出自己的贡献。同时，社会实践也促使学生不断地学习和成长，不断改进自己的能力和思维方式，逐渐成长为社会所需要的人才。社会实践还能够锻炼学生独立思考和解决问题的能力，让他们在实践中不断地探索和创新，使自己能够更好地适应未来社会发展的需求。参加社会实践也能够让学生更加深刻地感受到社会的复杂性和多样性，拓宽自己的视野，增加对世界的认知和理解。通过实践，学生还可以结识各行各业的人才和专家，学习到他们的经验和见解，为自己的未来发展提供宝贵的参考。在社会实践中，学生要学会尊重和包容不同的意见和文化，培养自己的社会交往能力和沟通能力，使自己成为一个能够与他人和谐相处的人。最终，通过组织学生参加社会实践，可以有效地提升学生的综合素质和能力，为他们未来的发展和成长奠定坚实的基础，成为社会主义建设者的中坚力量。

在高校中开展思政教育讲座和讨论是非常重要和必要的。通过这样的形式，可以将理论知识转化为实践，让学生在互动交流中不仅增长见识，而且提高思维能力。讲座和讨论可以激发学生的思想，引导他们审视和思考社会现实和个人成长中的问题，帮助他们建立正确的世界观、人生观和价值观。在这样的活动中，学生可以倾听专家学者的解释和见解，也可以和同学们进行思想碰撞和交流，从而不断完善和提升自己的思想境界和人文素养。通过开展这样的讲座和讨论，可以更好地引领和塑造学生的思想观念，促进他们的全面发展和成长。

在高校中开展思政教育讲座和讨论不仅是传授知识，更重要的是引导学生树立正确的人生观和价值观。通过这样的形式，学生可以在专家学者的指导下思考社会问题和自身成长，从而更好地适应社会的发展和变化。这种交流互动的方式使学生之间能够分享不同的见解和思想，激发他们思维的活力和创造性。讲座和讨论中的思想碰撞不仅可以拓展学生的视野，还可以让他们更好地理解社会现实，培养批判思维和独立思考的能力。通过与同学们互动交流，学生可以逐渐明确自己的人生目标和前进方向，逐步完善自己的思想境界和人文素养。开展思政教育讲座和讨论是塑造学生思想观念、推动学生全面发展和成长的有效途径，有助于培养具有社会责任感和创新能力的高素质人才。愿学校能够继续开展这样的活动，为学生们的成长之路注入更多的思想力量和智慧光芒。

组织学生参加志愿活动对于高校思政教育工作具有重要意义，不仅可以促使学生深入社会实践，增强社会责任感和使命感，更可以培养学生的团队合作意识和自我奉献精神。通过参加志愿活动，学生可以接触到社会各个领域的实际问题，了解社会发展的现状和需求。这不仅能够拓宽学生的视野，还可以培养学生的社会意识和社会责任感，使他们具备成为有担当的优秀社会人才的基本素质。在志愿活动中，学生需要与不同背景、不同经历的人合作，这种团队合作能力的培养对于学生未来的发展至关重要。志愿活动也能够激发学生的自我奉献精神和社会公益意识，使他们认识到自己可以通过力量的付出为社会做出贡献，从而树立正确的人生观和社会观。因此，高校应加强对学生参加志愿活动的组织和引导，将其纳入思政教育工作的重要内容之一，助力学生全面发展和终身成长。

组织学生参加志愿活动是高校教育的一个重要环节，通过参与志愿服务，学生能够感受到社会的温暖与责任。志愿活动是一次学生身心全面发展的机会，不仅可以促进他们的情感体验和社会交往能力，更可以培养他们的创新精神和实践能力。在参与志愿活动的过程中，学生需要思考并解决实际问题，这种实践能力的培养对于他们日后的职业发展具有重要意义。

参与志愿活动可以帮助学生建立起正确的人生观和社会观，培养学生的社会责任感和公民意识。通过亲身参与社会公益活动，学生能够认识到自己的力量是可以改变社会的，懂得尊重他人、关爱社会，形成乐于助人、乐于奉献的品质。在志愿活动中，学生们不仅要关注个人得失，更要着眼于整个团队和社会的利益，这种全心全意为社会服务的精神将使他们受益终身。

在当今社会，人才需求日益多样化和复杂化，仅有专业知识是不够的，更需要具备广泛的人文素养和社会实践经验。因此，高校应当加强对学生参与志愿活动的引导和支持，鼓励学生积极参与各类志愿服务项目，为学生提供更多的机会去实践、去成长。通过志愿活动的参与，学生将在实践中获得成长，收获感动，体会奉献的快乐，培养自身的社会责任感和组织合作能力，为未来的社会发展培养出更多更优秀的社会人才。

高校思政教育是培养学生的文化素养和人文精神的重要途径之一，通过具体实践来实现这一目标。在高校中，学生思想政治教育活动是思政教育的重要组成部分，可以通过多种方式来展开。其中，开展思政教育主题班会是一种有效的方式，可以通过讨论和交流的形式引导学生思考，增强他们的思想政治素养。主题班会可以围绕时事热点、社会问题、历史事件等展开，引导学生思考自身的社会责任感和使命感，激发他们的爱国情怀和社会责任感。通过参与这样的活动，学生可以增强对社会的认识和了解，促进其人文素养和社会责任感的培养。开展思政教育主题班会不仅是一种教学手段，也是一种育人方式，可以帮助学生增强综合素质，提升综合能力，促进个人全面发展。通过不断探索和实践，高校思政教育的效果将得到进一步提升，为学生成长成才提供更好的保障。

在高校中，思政教育是非常重要的，开展思政教育主题班会是其中的一个重要环节。通过主题班会，学生可以深入思考社会现状、历史事件和时事热点，从而不断提升自己的思想政治素养。这种交流讨论的形式不仅可以引导学生树立正确的人生观、价值观，还可以培养学生的团队合作意识和社会责任感。

在主题班会上，学生们可以畅所欲言，表达自己对社会问题的看法和观点，也可以学习他人的见解，达成共识。这种交流互动的过程不仅可以拓宽学生的视野，还可以增进师生之间的情感联系，促进学生成长成才。同时，主题班会也可以通过邀请专家学者或社会名人来举行讲座和分享，让学生们接触到更广阔的知识领域，激发他们对学习的热情和探索的欲望。

通过不断地开展思政教育主题班会，学校可以帮助学生树立正确的世界观和人生观，引导他们承担起社会责任，成为具有担当精神的新时代青年。这种育人方式不仅可以培养学生的综合素质和综合能力，也可以促进学校的教育教学改革与发展，为构建美好和谐社会做出应有的贡献。通过思政教育主题班会的有效开展，高校将进一步提升学生的思想品德修养，为他们未来的人生道路奠定坚实的基础。

三、辅导员工作和心理健康教育

辅导员在学生思政教育中的作用是非常重要的。他们既是学生的指导者和引路人，也是学生的心理支柱和情感安全网。通过与学生的沟通和交流，辅导员能够帮助学生解决思想上的困惑和困难，引导他们树立正确的人生观和价值观。同时，辅导员还可以通过开展心理健康教育，帮助学生应对压力和困难，增强心理素质，提高自我认知和情绪管理能力。通过这些工作，辅导员可以促进学生的全面发展，培养他们积极的人文精神和文化素养，使他们拥有健康的心理状态和正确的人生观念。在高校思政教育中，辅导员扮演着不可或缺的角色，他们的工作将直接影响到学生的成长和发展。

在学生思政教育中，辅导员的作用不仅在于解决学生思想上的困惑和困难，更在于引导他们树立正确的人生观和价值观。辅导员们以自己的经验和智慧，指引学生步入正确的道路，帮助他们建立积极向上的人文精神和文化素养。通过开展心理健康教育，辅导员还能够帮助学生更好地面对生活中的挑战和困难，培养他们的心理素质和自我认知能力。在这个过程中，辅导员不仅仅是知识的传递者，更是学生的朋友和倾诉对象。他们的耐心倾听和理解，为学生提供了情感上的支持和安全感。通过这种亲近的关系，辅导员和学生之间建立起了信任和友谊，使得思政教育更加深入人心。正是辅导员们的默默付出和辛勤劳动，塑造了一代代学生的健康心理状态和正确人生观念，为社会培养了一批又一批积极向上的栋梁之材。在高校思政教育中，辅导员们的作用不可替代，他们是学生成长道路上的重要引导者和支持者。他们的工作不仅是一份责任和义务，更是一种情怀和使命，成就了无数学生的辉煌未来。

在高校中，进行学生心理健康教育是思政教育的重要组成部分。目前，随着社会竞争的加剧和生活压力的增加，一些大学生出现了心理健康问题，如焦虑、抑郁等。因此，开展学生心理健康教育不仅有利于帮助他们更好地适应大学生活和未来社会工作，还有助于提升学生全面发展的素质。为此，学校需要加强心理健康教育的内容和形式，引导学生正确处理自身情绪，建立积极乐观的心态，增强心理韧性和抗压能力。

在实践中，学校可以通过设立心理健康教育的课程和讲座，组织心理咨询服务团队为学生提供咨询帮助，举办心理健康知识宣传活动等方式来进行学生心理健康教育。学校还可以结合学生实际情况，采取多种形式的教育，如心理测评、心理剧表演、心理调适训练等，帮助学生了解自己的心理特点和问题，并提供相应的解决方案。

通过这些举措，学校可以有效帮助学生解决心理问题，促进他们健康成长。同时，学校也将在培养学生的综合素质和人文精神方面取得更大的成就。因此，进行学生心理健康教育是高校思政教育中不可或缺的重要环节，对于提高学生的心理素质和全面发展意义重大。

高校在思政教育中不仅侧重于传授专业知识，更加注重培养学生的文化素养和人文精神。通过开展一系列的思政教育活动，学生可以增强道德修养、社会责任感和国家意识，提升自身综合素质和人文素养。

在高校思政教育的具体实践中，辅导员们扮演着重要的角色。他们不仅要关心学生的学业和生活，更要关注学生的心理健康。在现代社会中，心理健康问题已成为青年学生面临的重要挑战之一，所以心理辅导活动的开展成为了高校思政教育的重要组成部分。

通过开展心理辅导活动，可以帮助学生有效应对压力，保持心理健康，解决情绪问题，并促进个人成长和发展。辅导员们可以组织心理健康讲座、心理测试、心理咨询等活动，结合学生的实际情况，提供个性化、有效的帮助和支持，引导学生树立正确的人生观、世界观和价值观。

通过开展心理辅导活动，高校可以培养学生积极向上的心态，增强适应能力，提升学生的综合素质，全面发展学生的潜能，为他们的未来发展奠定坚实的基础。高校思政教育的实践，不仅能够助力学生的成长，更能够培养出德才兼备、具有社会责任感和创新精神的优秀人才。

在当代社会，青年学生所面临的心理健康问题日益突出，并且已经成为他们成长过程中不可忽视的挑战之一。因此，高校在思政教育中开展心理辅导活动显得尤为重要和必要。辅导员们在这个过程中不仅仅是提供心理咨询和帮助，更是在引导学生树立正确的人生观、世界观和价值观的道路上，起到了至关重要的作用。

通过开展各种形式的心理辅导活动，可以帮助学生更好地认识自己，了解自己的情绪，改善心理状态，增强内心的稳定性和自信心。这有助于学生更好地应对各种压力和挑战，促进他们身心健康的全面发展。

除了心理健康讲座、心理测试和心理咨询等传统方式，高校还可以借助现代科技手段，如心理APP、在线心理辅导平台等，让学生更便捷地获取相关信息和帮助。同时，学校也可以组织各种形式的心理活动，如情绪管理训练、团体心理辅导等，激发学生的积极性和参与性。

通过这些心理辅导活动的开展，高校不仅可以培养学生的心理素质和自我管理能力，更可以促进学生成长为全面发展的优秀人才。一个心理健康的学生群体，不仅能更好地适应社会的发展需求，更能为未来的社会发展和建设贡献自己的力量。因此，高校思政教育中心理辅导工作的重要性不言而喻，希望未来能有更多的专业人员和资源投入到这个领域，为青年学生的心理健康保驾护航。

四、学生社团和组织建设

在高校思政教育中，培养学生参与社团组织的意识至关重要。学生参与社团组织可以帮助他们更好地发展自己的兴趣爱好，提高组织能力和团队合作精神。通过参与社团组织，学生可以拓展自己的人际关系网络，结交更多志同道合的朋友，丰富自己的课余生活。

高校应当积极营造良好的社团组织氛围，提供充裕的资源和支持，鼓励学生积极参与各类社团组织活动。学校可以组织各种形式的社团招募活动，搭建学生与社团组织之间的桥梁，引导学生参与社团组织的建设和管理。同时，学校还应当加强对社团组织的指导和监督，确保其活动符合学校的思政教育要求，提高学生参与社团组织的积极性和主动性。

通过培养学生参与社团组织的意识，可以促进学生个人全面发展，增强学生集体荣誉感和责任感。同时，社团组织活动也是学生成长成才的重要平台，可以让学生在实践中提升自己的组织能力、领导能力和团队协作能力，为将来的社会生活和工作奠定良好的基础。因此，高校应当重视学生参与社团组织的意识培养，为学生的综合素质提升和未来发展打下坚实基础。

在高校思政教育中，加强学生社团组织建设具有重要意义。学生社团是学生自我管理、自我教育和自我服务的重要平台，是培养学生综合素质和实践能力的有效途径。通过参与社团活动，学生可以发挥自己的特长，提升团队合作能力，培养领导力和创新精神，增强社会责任感和使命感。同时，学生社团也是传承和弘扬校园文化的重要载体，可以丰富校园文化生活，激发学生的学习热情和积极性。加强学生社团组织建设，不仅有利于满足学生个性化发展需求，促进学生综合素质的提升，还可以促进校园文化建设，丰富学生校园生活，提升学校整体教育质量。因此，高校应加强学生社团组织建设，为学生成长成才提供更加广阔的舞台和更多的机会，推动高校思政教育工作取得更好的成效。

在高校教育中，学生社团组织建设的重要性不言而喻。学生社团的存在不仅是学生们展现自我的平台，更是促进学生综合素质提升的有效途径。通过参与社团活动，学生们可以发挥所长，锻炼团队协作能力，培养领导才能和创新思维，同时也能增强社会责任感和使命感。学生社团的建设不仅仅是为了学生个性化发展需求，更是为了促进校园文化的传承和弘扬。学生社团所带来的多样化活动不仅丰富了校园文化生活，也激发了学生们学习的热情和积极性。加强学生社团组织建设，不仅有益于提升学生的整体素质，还能推动校园文化建设的进程，为学校教育质量的提升注入新的活力。因此，高校有必要加强学生社团组织建设，为学生成长成才提供更加广阔的舞台和更多的机会，同时也为高校思政教育工作的开展提供更为有力的支持。愿高校在前行的道路上不忘初心，持续深化学生社团建设，为学生成长成才搭建更为良好的平台，让他们在社团活动中得到更多的锤炼和成长，为未来社会的建设贡献自己的力量。

五、学生党建工作

在高校思政教育中，加强学生党组织建设至关重要。学生是校园中的主体，他们的党建工作直接关系到整个学校的政治生态和教育质量。通过加强学生党组织建设，可以促使学生更加深入地了解党的理论和方针政策，增强党性觉悟和思想道德素养，培养学生的党性意识和组织纪律性。同时，党建工作也可以帮助学生树立正确的人生观、世界观和价值观，引导他们树立正确的人生目标和奋斗方向。

加强学生党组织建设需要注重团结带领学生党员积极参与校园文化建设和发展，推动学生党员在各种活动中发挥先锋模范作用。通过组织学习党的十九大精神、开展志愿服务活动、参与社会实践等方式，充分发挥学生党员的表率作用，培养他们热爱祖国、热爱人民、勇挑重担的责任感和使命感。

加强学生党组织建设还需要关注学生党员的个性发展和自主管理能力培养。通过建立健全的学生党组织管理机制，让学生党员自主参与组织活动策划和实施，增强他们的自我管理能力和团队合作意识，提升他们的领导力和组织能力。只有加强学生党建组织建设，才能更好地发挥高校思政教育在培养社会主义建设者和接班人的重要作用，为学生成长成才提供坚实的思想和组织基础。

加强学生党组织建设不仅需要注重组织学生党员参与校园文化建设和发展，还需要关注学生党员的个性发展和自主管理能力培养。在这个过程中，学生党员应当始终保持对党的忠诚，牢固树立正确的世界观、人生观和价值观。他们应该坚持以人民为中心的宗旨，积极践行社会主义核心价值观，不断提升自身素养和综合能力。

学生党员作为校园中的骨干力量，应当在学习、生活、工作中发挥先锋模范作用。他们要树立正确的身份认同，自觉维护校园的良好风气和秩序，努力为师生和谐相处、团结友爱的校园环境做出贡献。同时，学生党员应当不忘初心，时刻牢记党的宗旨，勇担历史使命，为实现中华民族伟大复兴贡献自己的力量。

在学生党组织建设中，要注重倡导互助互学的团队精神和合作意识。学生党员应当积极参与团队活动，学会倾听他人意见，善于协调矛盾，增强集体荣誉感和责任感。通过与同学们一起协作、交流、竞赛，培养出色的团队合作能力和领导才能，真正做到知行合一，努力成为担当民族复兴大任的栋梁之材。

加强学生党组织建设，不仅是学校育人的重要举措，更是党的未来的重要保障。只有通过不懈努力，使学生党员们的理想信念更加坚定，思想作风更加纯正，为实现中国梦不懈奋斗，方能更好地引领未来，为党和人民事业做出更大贡献！

高校思政教育在培养学生的文化素养和人文精神方面起着至关重要的作用。通过学生党建工作，党组织能够有效发挥在学生思政教育中的指导作用，引导学生树立正确的世界观、人生观和价值观，培养他们的社会责任感和使命感。党组织通过举办各种形式的思想政治教育活动，激发学生的爱国情怀和社会责任感，引导他们积极投身国家建设和社会发展的大局中。在学生中开展党员的模范作用和引领作用，营造浓厚的思政教育氛围，促进学生的全面发展和自身价值实现。党组织还可以利用各种渠道和形式，引导学生树立正确的人生观和价值观，培养他们的创新精神和实践能力，促进学生全面发展，为国家和社会的发展做出积极贡献。

第三节　高校思政教育的创新实践

一、创新思政教育课程体系

高校思政教育的创新实践包括创新思政教育课程体系和整合跨学科资源等方面。在高校思政教育的实践中，不仅仅是单一学科的教育和培养，更需要整合跨学科资源，将各学科的优势与特点相结合，形成一个更为全面和多元化的思政教育体系。通过整合跨学科资源，可以更好地培养学生的创新意识和跨学科思维能力，提高他们解决问题的能力和综合素养。同时，整合跨学科资源也可以让学生更好地理解和应用不同学科之间的知识，促进学生的学科交叉和融合，为其未来的发展打下更为坚实的基础。整合跨学科资源不仅可以促进高校思政教育的创新发展，还可以为学生的全面发展提供更为丰富和多样化的学习资源和机会。

在高校思政教育的实践中，整合跨学科资源是至关重要的。学生需要接触到不同学科的知识，才能更好地了解世界的多元性和复杂性。在这个过程中，他们不仅可以提升自己的综合素养，还能培养自己的创新能力和跨学科思维。通过整合跨学科资源，学生可以在不同学科之间建立联系，形成更为全面和深入的认识。这种交叉学科的学习方式，有助于学生更好地理解问题的本质，从而更有效地解决实际生活中的挑战。

整合跨学科资源也可以促进学生之间的合作和交流。学生在跨学科学习的过程中，可以结识来自不同学科背景的同学，一起探讨问题，互相启发，共同成长。这种合作模式不仅有利于学生的个人发展，还可以培养他们的团队合作精神和沟通能力。在未来的工作和生活中，这些能力将会成为他们成功的关键因素。

整合跨学科资源还可以为高校的教学和科研工作带来新的动力和灵感。不同学科之间的相互融合和借鉴，往往会激发出创新的火花，推动学术研究的深入和发展。通过跨学科研究，可以更好地解决跨学科性问题，为学术界和社会提供更多有益的信息和见解。整合跨学科资源，不仅可以促进学生的全面发展，也可以为学术界的进步做出贡献，推动高校思政教育的不断创新和发展。

高校思政教育在培养学生的文化素养和人文精神方面起着至关重要的作用，通过学生党建工作等具体实践活动，可以更好地贯彻创新思政教育课程体系，发挥思政教育的理论与实践结合的优势。只有注重理论与实践结合，才能真正实现高校思政教育的目标和使命，为学生提供全面发展的培养环境，培养出具有良好文化素养和人文精神的优秀人才。

高校的思政教育在培养学生的文化素养和人文精神方面起着至关重要的作用。通过具体实践，例如学生党建工作，可以使学生在实践中增强爱国主义情怀和社会责任感。同时，高校思政教育也需要不断创新实践，建立起适合当代大学生的思政教育课程体系，以鼓励学生发展创新思维和实践能力，从而使他们更好地适应社会的发展需求，为建设社会主义现代化国家贡献力量。

在这个过程中，高校可以通过丰富多彩的校园文化活动和社会实践项目，激发学生的创新意识和实践能力。比如组织学生参与社会志愿活动、科技创新项目，或者开展学生自治组织，引导他们在实践中探索和实践，培养解决问题的能力和创新能力。

高校还可以加强对学生的思想政治教育，引导他们树立正确的人生观、价值观和世界观。通过思想政治教育课程的设置和学生思想政治工作，帮助学生树立正确的人生目标，激励他们为实现中国梦而努力奋斗。

高校的思政教育应该立足于培养学生全面发展的目标，注重学生的创新思维和实践能力的培养。只有这样，才能使学生更好地适应社会发展的需要，为建设社会主义现代化国家贡献自己的力量。愿未来的大学生们在高校的思政教育中茁壮成长，成为国家建设的栋梁之材。

高校思政教育的意义在于培养学生的文化素养和人文精神，通过具体实践来加强对学生党建工作的关注和指导，同时不断创新思政教育课程体系，以强化综合素质培养的意义。这些都是高校思政教育在提升学生综合素质、培养学生积极向上的人格和价值观方面所发挥的重要作用。高校应该在思政教育工作中不断探索创新，全面提升学生综合素质，为他们未来的发展和学习生涯打下坚实的基础。

高校思政教育的重要性不可低估，它的核心任务是培养学生的文化素养和人文精神。通过对具体实践的关注和指导，高校能够在学生党建工作中起到引领和推动的作用。为了更好地实现这一目标，高校需要不断创新思政教育课程体系，以强化综合素质培养的效果。

在当今社会，学生的综合素质几乎与专业知识同样重要。高校思政教育应该致力于培养学生积极向上的人格和价值观，引导他们在成长过程中形成正确的世界观、人生观和价值观。只有这样，学生才能在社会中立于不败之地，实现自身的价值和抱负。

因此，高校应该在思政教育工作中保持积极的探索创新精神，不断优化课程内容和教学方法，激发学生的学习热情和动力。通过思政教育的引导和影响，学生可以更好地理解自己的责任和使命，树立正确的人生目标，迈出坚实的成长步伐。

综合素质的培养是一个长期的过程，需要高校和学生共同努力。高校应该为学生提供更广阔的发展平台和更多元的学习资源，帮助他们充分发挥潜能，培养他们的创新精神和实践能力。只有如此，学生才能在未来的发展和学习生涯中立于不败之地，实现自身的人生理想。

总的来说，高校思政教育在培养综合素质方面具有不可替代的作用。通过不断探索创新，高校能够更好地发挥自身的优势，为学生的综合素质提升和未来的发展奠定坚实的基础。愿高校思政教育在未来的道路上越走越宽广，为学生成长成才贡献自己的力量。

高校思政教育的创新实践是需要不断探索的过程，其中增加实践环节和社会实践是至关重要的。通过实践活动，学生将所学的理论知识与实际工作相结合，加深对思政教育内容的理解和把握。在社会实践中，学生能够接触到更广阔的社会视野和多元化的思想，从而提高自身的综合素质和能力。同时，实践活动也能够锻炼学生的实践能力和团队合作精神，培养学生的创新意识和解决问题的能力。在这个过程中，学生将逐渐形成正确的人生观、价值观和世界观，成为德智体美劳全面发展的社会主义建设者和接班人。因此，高校思政教育应当注重实践环节和社会实践的重要性，不断完善实践教学体系，促进学生全面发展，为社会主义现代化建设培养更多的人才。

二、推动思政教育工作机制创新

加强校内外合作，是高校思政教育工作中至关重要的一环。通过与社会各界的合作，高校可以更好地借鉴社会经验、资源和智慧，为学生提供更广阔的视野和更多元化的教育资源。同时，与其他高校开展合作，可以促进心得交流、互相学习，共同提升思政教育工作水平。而与政府部门、企业机构等外部组织的合作，则可以为高校思政教育提供更多的支持和保障，创造更好的教育环境和条件。

加强校内外合作，还有利于推动高校思政教育的改革和创新。在与社会各界的合作中，高校可以不断开拓思路、探索新模式，更好地适应社会需求和时代发展。通过与其他高校、政府部门、企业机构等的合作，高校可以借鉴各方经验和管理模式，不断完善和提升思政教育工作的质量和效果。同时，加强校内外合作，也可以为高校思政教育工作带来更多的资源和支持，促进思政教育事业的健康发展和持续壮大。

加强校内外合作不仅可以为高校思政教育的改革提供更多机遇和可能，也可以促进高校在教育教学、科研创新等方面的发展。在校内外合作的过程中，高校可以加强与各类教育机构的合作，共同探讨教育理念和方法，不断提升教学质量和水平。与政府部门的合作也可以为高校提供更好的政策支持和资源保障，助力高校实现可持续发展。与企业机构的合作更可以为高校提供实践机会和职业培训资源，帮助学生更好地融入社会，实现自身发展目标。

加强校内外合作还可以促进高校的国际化进程，通过与国际教育机构的合作，高校可以引进更多国际化的教育资源和先进的教学理念，提升高校的国际竞争力。同时，与国外高校的合作也可以促进师生之间的国际交流与合作，增进文化互鉴与理解，拓宽学生的国际视野。加强校内外合作，将为高校打开更广阔的发展空间，为高校思政教育工作带来更多的创新动力和发展机遇。

高校思政教育的实践工作需要不断完善的考核机制来确保其有效性和实效

性。完善工作考核机制可以有效地评估思政教育的实施情况，促进高校思政教育工作的有效开展。在完善工作考核机制方面，需要建立科学合理的评估标准和指标体系，确保评估结果客观公正。同时，还需要加强对评估结果的分析和反馈，及时发现问题并采取针对性措施加以改进。通过不断完善工作考核机制，可以提高高校思政教育的实施水平，促进学生的全面发展和成长。

高校思政教育的实践工作是一项重要的任务，它不仅需要持续改进，还需要建立完善的工作考核机制来不断提升质量和效果。通过建立科学合理的评估标准和指标体系，可以更好地评估和监督思政教育的实施情况，确保各项工作有序进行。为了保证评估结果客观公正，需要严格执行评估规定，杜绝主观因素的干扰，真实反映实际情况。

加强对评估结果的分析和反馈也是至关重要的。只有通过对评估结果进行深入分析，及时发现存在的问题和不足，才能有针对性地制定改进措施，进一步提高思政教育的实施水平和效果。同时，建立起健全的反馈机制，及时将评估结果和改进意见传达给相关部门和责任人，推动问题的解决和工作的改进，不断提升工作考核机制的科学性和有效性。

通过不断完善工作考核机制，高校思政教育将能够更好地服务于学生的全面发展和成长，引导他们树立正确的人生观、价值观和世界观，培养出德智体美劳全面发展的优秀人才。同时，完善的工作考核机制也将为高校思政教育的改革与发展提供有力支撑，推动思政教育事业不断向前发展，为建设社会主义现代化强国贡献更多力量。

建立健全激励机制是高校思政教育工作的一个重要环节。通过建立激励机制，可以更好地激发学生的学习热情和创造力，促进其全面发展。在高校思政教育中，激励机制不仅仅是物质层面的奖励，更重要的是精神激励和人格塑造。只有建立健全的激励机制，才能更好地引导学生树立正确的人生观、世界观和价值观，培养学生的社会责任感和使命感，提升他们的综合素质和能力。

在激励机制的建立过程中，高校可以通过设立各类奖学金、助学金、荣誉称号等方式来激励学生努力学习、积极参与社会实践和志愿服务活动。同时，高校还可以通过开展各类学术竞赛、文化艺术活动、创业创新大赛等形式，激发学生的创新意识和实践能力，培养学生的综合素质和能力。

建立健全的激励机制还需要高校各方共同努力，包括学校、师生和社会各界的广泛参与。只有建立起全方位、多层次的激励机制，才能更好地促进高校思政教育工作的深入开展，实现学生全面发展的目标。愿我们共同努力，为高校思政教育工作的发展贡献力量。

在高校的教育体系中，建立健全的激励机制对于学生成长和全面发展至关重要。除了奖学金和荣誉称号之外，高校还可以通过举办各类学术竞赛、文化艺术活动和社会实践项目来激发学生的学习激情和实践能力。这些活动不仅可以丰富学生的课余生活，还可以培养他们的团队合作意识和创新精神。

高校还可以通过建立导师制度和师生互动平台，促进师生之间的交流和合作，营造和谐的学习氛围。导师可以在学业和生活上给予学生指导和帮助，引导他们树立正确的人生观和价值观。师生之间的良好关系不仅可以促进学生的全面发展，还可以增强学校的凝聚力和影响力。

除此之外，高校还可以通过组织各类社会实践和志愿服务活动，引导学生积极参与公益事业，培养他们的社会责任感和使命感。这不仅可以增强学生的社会实践能力，还可以帮助他们更好地融入社会，为建设美好社会贡献力量。

在建立健全的激励机制的过程中，高校需要借助各方力量的合作和支持。只有通过学校、师生和社会各界的共同努力，才能够打造一个完善的激励体系，促进高校思政教育工作的深入开展，实现学生全面发展的目标。让我们携手合作，共同努力，为高校教育事业的蓬勃发展贡献自己的力量。

在高校思政教育中，师生互动平台的重要性不可忽视。这一平台为师生提供了交流和互动的机会，促进了师生之间的思想交流和相互启迪。通过师生互动平台，学生可以更好地理解和接受思政教育的内容，同时也能够更加自觉地参与到思政教育活动中来。而教师则可以通过这一平台更好地了解学生的需求和困惑，从而更有针对性地开展教育工作。

然而，目前师生互动平台在高校思政教育中仍然存在一些问题和挑战。由于学生人数庞大，教师资源有限，师生互动的时间和机会相对有限，导致师生之间的交流不够深入、不够广泛。一些学生可能由于个人性格、学习状态等原因，不能够积极地参与到师生互动中来，从而影响了思政教育的效果。一些教师也可能由于工作繁忙等原因，无法给予学生足够的关注和帮助，使得师生之间的互动不够密切。

师生互动平台中也存在着一些管理和监督方面的问题。一些高校缺乏有效的监管机制，导致一些不当言论和行为在师生互动平台上蔓延，影响了良好的教育氛围。同时，一些学生和教师也可能利用师生互动平台来谋取私利，扰乱了正常的教育秩序。

总的来说，师生互动平台在高校思政教育中发挥着重要的作用，但同时也面临着一些问题和挑战。高校需要进一步加强对师生互动平台的管理和监督，营造良好的教育氛围，使师生间的交流更加深入、广泛，为思政教育工作的开展提供更加有力的支撑。

教师队伍素质的高低直接关系到高校思政教育工作的质量和效果。目前，高校教师队伍整体素质较高，具有丰富的学术经验和教学技能。他们不仅具备扎实的专业知识，还具有较强的人文素养和思想道德修养。他们能够引导学生正确树立核心价值观，培养学生的综合素质和创新精神。

然而，教师队伍中也存在一些问题。一些教师缺乏对学生心理的深入了解，无法很好地把握学生的思想动态和需求；另一些教师过于强调学科知识的传授，忽视了思想政治教育的特殊性和重要性。一部分教师对于当前社会新变化和学生的成长环境了解不够，难以将理论知识与实际生活相结合，影响了思政教育的深入开展。

教师队伍素质的提升是思政教育工作不可或缺的重要环节。只有教师具备高尚的情操和良好的师德，才能有效地引导学生树立正确的人生观、价值观和世界观。因此，高校应该注重加强教师的思政教育培训和研修，提高他们的思想素质和政治素养，使其能够更好地适应当今高校思政教育的需求，更好地担负起教育和引领学生成长成才的责任。

三、推动思政教育载体创新

然而，目前高校思政教育宣传方式存在一些问题和局限性。部分高校仍然采取传统的一刀切式宣传方式，缺乏针对性和个性化，难以引起学生的兴趣和参与度。一些高校在思政教育宣传中过分强调理论知识的灌输，忽略了与学生实际生活、学习需求的结合，导致学生对思政教育的接受度不高。由于宣传内容单一、方式呆板，学生对思政教育的理解和认同度不足，难以达到预期的效果。

高校思政教育宣传方式还存在着信息传递不畅、渠道单一的问题。部分高校的思政教育宣传主要依靠校园公告、墙报等传统方式，缺乏多样化、立体化的传播渠道，限制了宣传效果的发挥。与此同时，现代社会信息传递的速度和方式多种多样，高校思政教育宣传方式落后于时代发展的步伐，难以吸引和引导学生从中获取所需信息。

高校思政教育宣传方式的局限性还表现在内容选择上的局限。一些高校在思政教育宣传中只注重政策、法规等内容的传达，忽略了青年学生对人文、艺术等方面的需求。思政教育应当是全方位的，应该关注学生的全面发展，而不仅仅局限于政治理论的灌输。

高校思政教育宣传方式存在一些问题和局限性，需要引起我们的重视和思考。只有深入剖析这些问题，才能找到更好的改进路径和方法，提升思政教育的质量和效果。在未来的工作中，我们需要不断探索创新思政教育宣传方式，根据学生需求和时代发展的要求，不断调整和优化宣传策略，让思政教育更贴近学生、更具有吸引力和影响力。

高校思政教育宣传方式需要更加注重创新思维，以满足学生对信息获取和需求的多样化。除了政策、法规等内容传达外，也应该注重人文、艺术等方面的涵盖，让学生在接受思政教育的过程中得到全面发展。只有这样，思政教育才能更加贴近学生的实际需求，进而更具吸引力和影响力。

为了改善和优化高校思政教育宣传方式，我们需要积极探索新的途径和方法。在制定宣传策略时，应当充分考虑学生的反馈和建议，灵活调整和适时优化。同时，应该借鉴先进的传播理念和技术手段，将宣传方式与时代发展相结合，使之更富有活力和创新性。

高校思政教育宣传方式也需要更加重视互动性和参与性。通过举办各种形式的活动、讨论会和交流会，可以拉近师生之间的距离，促进思想的碰撞与交流。这种互动性不仅可以增强学生对思政教育的接受度，更能够激发学生的思考和创造性。

总的来说，高校思政教育宣传方式的改进和创新是一个持续的过程。只有不断适应时代的变化和学生的需求，才能确保思政教育的质量和效果不断提升。希望在未来的工作中，我们能够在不断探索中找到更好的改进路径，让高校思政教育宣传方式更加符合时代潮流，更有温度和力量。

新媒体在高校思政教育中的作用日益凸显。随着互联网和智能手机的普及，学生获取信息的渠道更加多样化和便捷化。新媒体平台如微信、微博、抖音等成为了学生们获取新闻、观点和知识的主要途径。高校可以通过搭建专门的思政教育平台，利用这些新媒体工具传播思想政治理论知识，引导学生积极参与思政教育活动。

新媒体的互动性和碎片化特点也为高校思政教育提供了更多可能。通过在线讨论、投票互动、短视频展示等形式，可以增加学生参与度，激发他们的学习兴趣和思考能力。同时，新媒体还可以帮助高校思政教育更好地与学生生活相结合，让思想政治理论知识更具实践性和可操作性。

然而，新媒体在高校思政教育中的运用也面临着诸多挑战和限制。首先是信息真实性和质量的问题，新媒体平台上信息泛滥、真假难辨，容易混淆学生的思想。其次是学生对新媒体的依赖性和消费倾向，如果不能正确引导，可能导致学生沉迷于娱乐内容，忽视思政教育内容的学习和理解。

除此之外，新媒体的快节奏和碎片化特点也容易分散学生的注意力，影响他们对思政教育内容的深度理解和思考。同时，一些学生可能出于隐私保护等考虑，在新媒体平台上参与思政教育活动的积极性不高，这也给高校思政教育带来了一定压力。

总的来看，新媒体在高校思政教育中发挥着积极作用，但也存在着一些挑战和限制。高校在利用新媒体推动思政教育发展的过程中，需要注重引导学生正确使用新媒体平台，加强对内容的筛选和监督，促进思政教育内容的质量提升和有效传播。同时也需要不断探索适合新媒体时代的思政教育模式，使之更好地适应当代大学生的思想需求和成长特点。

新媒体在高校思政教育中的作用需要我们正确认识和把握。在当代大学生生活中，新媒体已经成为他们获取信息、交流思想的重要平台。正因如此，高校思政教育不应该对新媒体采取避而不谈的态度，而是要充分利用其传播力和互动性，将思政教育内容融入新媒体平台，使之更贴近学生的生活和需求。

针对新媒体快节奏和碎片化特点可能带来的注意力分散问题，高校可以通过创新教学方式，设计更加吸引人的思政教育内容，引导学生在碎片化时间里接受思政教育。同时，应该注重引导学生在新媒体上分辨信息的真实性和价值，提高他们的信息素养和思辨能力。

针对学生参与思政教育活动积极性不高的问题，高校可以开展更多符合学生兴趣的活动，激发他们的参与热情。同时，也可以通过建立在线学习社区，促进学生之间的交流和互动，增强思政教育内容的传播效果。

当前高校思政教育活动形式的特点主要体现在以下几个方面：一是活动形式单一化，缺乏多样性和趣味性，容易使学生产生审美疲劳；二是活动内容过于理论化，缺少与学生实际生活和学习经验相结合的案例分析和实践活动；三是活动组织和开展缺乏灵活性，缺乏与学生互动的方式和机会，难以激发学生的学习兴趣和参与积极性。

可能存在的问题主要包括：一是活动内容与学生实际需求脱节，难以引起学生的共鸣和认同感；二是活动形式过于呆板，缺乏对学生个性化需求的关注和尊重，难以激发学生的主动性和创造力；三是活动的持续性和深入性不足，难以形成长效引导和影响，影响思政教育的实效性和持续性。

改进空间主要体现在以下几个方面：一是加强活动形式的多样性和趣味性，结合学生的兴趣和需求设置不同形式的思政教育活动，提高活动的吸引力和参与度；二是注重活动内容与学生实际生活和学习经验的结合，通过案例分析和实践活动引导学生思考和探索，提高活动的实效性和针对性；三是强化活动的互动性和灵活性，注重与学生的沟通和互动，激发学生的思维和创造力，提高活动的深度和广度。

活动的持续性和深入性不足，难以形成长效引导和影响，影响思政教育的实效性和持续性。为了解决这一问题，我们可以探索更多创新的教育活动形式，不断挖掘学生的潜力和需求。比如，可以设置一些具有挑战性的团队合作活动，让学生在团队中相互协作，增强团队精神和责任感；同时，也可以开展一些实践活动，让学生将所学的理论知识应用到实际生活中，增强他们的实践能力和问题解决能力。

还可以通过开展一些校园文化活动来提升思政教育的吸引力和影响力。比如，可以组织一些讲座和讨论会，邀请行业内的专家来分享经验和观点，激发学生的学习热情和求知欲；同时，也可以举办一些文化节或艺术展，通过文艺作品展示学生的艺术才华和创造力，促进学生的全面发展和交流。

总的来说，要想提高思政教育活动的实效性和持续性，关键在于创新活动形式，激发学生的学习兴趣和参与度。只有不断拓展思政教育的内容和形式，紧密结合学生的实际需求和特点，才能真正实现思政教育的目标，培养德智体美全面发展的社会主义建设者和接班人。愿意继续为高校思政教育的蓬勃发展贡献自己的力量。

四、推进思政教育内容创新

在当前高校思政教育中，虽然涉及的内容领域较为广泛，但仍存在一些不足。一些高校在思政教育中缺乏多元化和前瞻性的内容，倾向于传统的思想道德教育，缺乏与时代发展和学生需求相匹配的内容。一些高校思政教育缺乏与学科教育的有机结合，导致学生难以将思政教育内容与专业知识相结合，缺乏对综合素养的提升。

高校思政教育中存在着内容单一、形式化、理论脱离实际的问题。一些高校思政教育内容依旧停留在抽象的理论阐述，缺乏具体的实践指导和案例分析，无法引导学生应对现实生活考验。同时，一些高校思政教育的方式和手段相对单一，缺乏对不同学生个性和需求的差异化教育，难以真正激发学生的思考和探索的兴趣。

一些高校在思政教育中缺乏对全球化背景下价值观念的引导和对多元文化的尊重，导致学生的国际视野和跨文化交流能力有所欠缺。思政教育内容相对封闭，无法使学生真正理解和接纳不同文化、不同价值观念的多样性，难以培养学生的国际化素养和全球视野。

在当前高校思政教育的改革和探索中，需要将目光放在更加贴近学生实际需求和社会发展需要的内容领域，寻求更加符合时代要求和学生发展的方式和方法，为高校思政教育赋予新的内涵和活力。

然而，现实中高校思政教育的实效性问题日益突出。一方面，一些学生对思政课程缺乏兴趣，认为其内容过于抽象、理论化而与现实生活脱离；另一方面，一些教育者缺乏创新意识，仍停留在传统的教学模式和内容之中，难以引起学生的共鸣。这种教育模式的僵化和内容的呆板无疑影响了思政教育的实效性。

高校思政教育还面临着诸多挑战。例如，信息化时代的快速发展让学生更容易获取大量信息，思辨能力和批判性思维相对薄弱；社会多元化和个性化发展趋势让学生对于传统道德规范和伦理观念产生怀疑，思想观念更加多元和碎片化。这些挑战给高校思政教育提出了更高的要求，需要不断调整内容和方法，与时俱进地引导学生解决现实问题。

同时，思政教育的内容实效性也受到一些外部因素的影响。政治环境的变化、社会经济的发展以及国际形势的变化等都会对思政教育的内容与方法提出新的要求和挑战。面对这些外部因素的影响，高校思政教育需要更加注重前瞻性和灵活性，及时调整教育内容和方式，使之能更好地适应时代发展的需要。

高校思政教育的实效性问题和诸多挑战需要高校教育者和管理者共同思考和应对。只有在不断探索和实践中，高校思政教育才能更好地发挥其育人功能，引领学生树立正确的世界观、人生观和价值观，为国家和社会培养更多具有责任感和担当精神的优秀人才。

高校思政教育与实际问题结合，是提升学生综合素质和培养社会主义建设者和接班人的重要途径。然而，目前在实践中存在着一些问题和挑战。

一些高校在思政教育中过分注重理论灌输，而忽视了实际问题的引导和讨论。学生往往只是被动地接受理论知识，缺乏对实际问题的深入思考和探讨，导致他们缺乏解决现实问题的能力和意识。

一些高校在思政教育中存在内容单一的问题，缺乏突破传统教育模式的创新。思政教育应该融入当代社会发展、国家治理和全球问题等多方面内容，激发学生的求知欲和创造力，使他们能够更好地适应未来社会发展的挑战。

一些高校在思政教育中存在师资力量不足的问题，导致教育质量参差不齐，难以实现思政教育与实际问题结合的深度。教师的水平和素质直接影响到思政教育的效果，而教师队伍中的结构性问题仍然存在。

总的来说，高校思政教育面临着内容单一、理论脱离实际、教师队伍不足等挑战。只有克服这些问题，加强思政教育与实际问题的结合，才能真正实现高校思政教育的价值和意义。

在面对这些问题的同时，高校需要加强师生之间的沟通和互动，搭建一个更加开放和包容的教育环境。学生需要更多地参与到实际问题中去，通过实践来增强解决问题的能力和意识。同时，高校还应该加强对教师队伍的培训和引进，提升他们的专业水平和素质，从而进一步推动思政教育与实际问题的结合。

除此之外，高校还应该注重引导学生正确处理学习和生活的关系，激发他们的社会责任感和公民意识，培养他们的创新精神和实践能力。只有让学生在思政教育中体验到理论联系实际的重要性，才能真正帮助他们建立正确的世界观、人生观和价值观。

要实现高校思政教育与实际问题的结合，还需要加强学校与社会各界的合作，开展更多的社会实践和实践活动，让学生在实践中提升自己、锻炼自己，从而更好地适应社会的发展需要。同时，高校还应该加强对社会热点问题和现实挑战的研究和探讨，引导学生关注社会现实，积极参与社会实践，为建设美好社会贡献自己的力量。只有这样，高校思政教育才能真正贴近社会现实，体现其应有的教育价值和意义。

第四节　高校思政教育的成果与展望

一、思政教育的实际效果分析

高校思政教育的意义在于培养学生的文化素养和人文精神，具体实践包括开展学生党建工作，推进思政教育内容创新。高校应该不断探索创新，以期取得更多成果并展望未来。思政教育的实际效果分析显示，学生政治素质得到提升，有助于培养更好的社会公民。

学生社会责任感的增强是高校思政教育的重要目标之一。通过思政教育，学生在学习知识的同时，培养了自身的社会责任感，让他们能够认识到自己作为社会一员所应该承担的责任和义务。在思政教育的引导下，学生逐渐意识到自己的行为和言行会对社会产生影响，从而更加注重自身的言行举止，努力做一个对社会有益的人。

思政教育不仅仅是让学生具备一定的专业知识和技能，更重要的是让他们具备正确的人生观、价值观和社会责任感。高校通过设立思政教育课程和开展相关活动，引导学生树立正确的人生观和价值观，使他们能够认识到自己所处的社会环境，了解社会的需求和问题，从而更加积极地投身到社会实践中去，为社会的发展和进步做出贡献。

通过对学生社会责任感的培养，高校思政教育不仅能够提高学生的综合素质和竞争力，更能够培养出一批拥有爱心、责任感和奉献精神的优秀人才。这些具有社会责任感的人才将成为社会的中坚力量，推动社会的进步和发展。思政教育的实际效果分析表明，学生社会责任感的增强不仅对个人成长有重要意义，也对社会的和谐发展起到了积极的推动作用。

在未来，高校思政教育将继续深化改革，创新教育模式，不断探索和实践，推动思政教育内容的创新和发展。通过引导学生树立正确的人生观和价值观，增强其社会责任感，高校将培养出更多具有社会担当和使命感的新时代青年，为建设社会主义现代化国家做出更大的贡献。

高校思政教育在学生创新能力的培养中发挥着重要作用。通过思政教育，可以帮助学生在传统文化和人文精神方面得到深入培养，激发学生对创新的热情和动力。同时，高校思政教育也通过学生党建工作的具体实践，进一步提升学生的创新意识和创新能力。在高校思政教育创新实践中，不断推进内容创新，不断完善教育体系，为学生的全面发展提供更为有力的支持。高校思政教育取得的成果和展望也表明，思政教育在培养学生创新能力方面已经取得了显著成效，为未来学生的发展和国家的繁荣做出了积极贡献。通过对思政教育的实际效果分析，可以更好地了解其在学生创新能力培养中的重要意义，为今后继续推进高校思政教育工作提供更为明确的方向和路径。

二、高校思政教育存在的问题与挑战

高校思政教育在当代大学教育中具有重要的意义和作用。它不仅是培养学生的文化素养和人文精神的重要途径，更是推动学生思想政治教育内容创新和推进高校思政教育的创新实践的重要环节。具体来说，高校思政教育通过学生党建工作的实践引领，为学生成长提供了重要支持。这种实践不仅令学生在党建工作中感受到组织的凝聚力和力量，更能够使他们在思维上得到升华，懂得如何正确地对待政治和思想问题。

然而，高校思政教育的创新实践也面临着一些问题和挑战。学生思想政治教育需求的多样化导致了教育形式和方法的多样化，对于高校来说也是一个挑战。如何更好地满足学生的思政教育需求，如何引导学生积极参与思政教育活动，都是当前高校思政教育亟待解决的问题。因此，高校思政教育需要不断创新，推动思政教育内容的更新和升级，以适应当代大学生的需求和发展。只有这样，高校思政教育才能不断取得成果，并对未来的发展展望充满信心。

为了更好地培养学生的文化素养和人文精神，高校思政教育一直在不断探索和实践。其中，学生党建工作作为思政教育的重要载体，通过组织学生参与党建活动，促进学生的思想政治素质和党性修养的提升。同时，高校思政教育也在不断进行创新实践，推进思政教育内容的创新，注重培养学生的创新思维和实践能力。通过多元化的教育模式和内容设置，使学生在思政教育中获得更广泛、更丰富的知识和体验。高校思政教育已经取得了一定的成果，但同时也面临着诸多挑战，如思政教育内容单一、教育手段陈旧等。因此，思政教育的实践策略尚待创新，需要不断探索、改进和完善，以适应时代的需求，为学生成长成才提供更好的思想政治引领和教育保障。

高校思政教育与时代发展的匹配性是非常重要的。随着社会的不断进步和发展，时代呼唤着更加全面发展的人才，需要他们不仅有着扎实的专业知识，更需要他们具备较高的人文素养和社会责任感。高校思政教育作为培养学生的文化素养和人文精神的重要手段，必须与时代的发展相匹配。在现代社会，高校思政教育需要不断创新实践，推进内容的创新，使之紧密结合时代的发展趋势和主题，以更好地引领学生，塑造他们的人格和价值观。同时，高校思政教育也需要关注学生党建工作，通过开展各项党建活动，引导学生树立正确的世界观、人生观和价值观。然而，高校思政教育也面临一些问题与挑战，比如内容单一、方法陈旧等。因此，高校思政教育需要不断改进和完善，以适应时代的发展需求，为培养德智体美劳全面发展的社会主义建设者和接班人做出更大的贡献。

高校思政教育的发展需要与时代同频共振，与社会现实相契合，与学生的成长需求相契合。在当今社会，面对多样化的思想观念和社会问题，高校思政教育需要以更加开放包容的态度，引导学生审视世界、审视自我，培养他们正确的判断力和辨别能力。

高校思政教育应当不断探索新的教育理念和方法，从课堂教学到社会实践，从理论学习到感悟人生，不拘一格地引导学生走向成熟和完善。同时，高校思政教育也需要与时俱进地关注学生的身心健康，引导他们树立积极向上的生活态度和价值观念，使他们勇敢地面对困难和挑战，在实践中不断成长和进步。

在推进高校思政教育的改革与创新过程中，高校需要注重师生之间的交流互动，搭建起师生间的信任和沟通桥梁，促进师生共同成长。同时，高校还应当充分发挥多元文化和思想交流的平台作用，为学生提供更广阔的视野和更丰富的人文知识，使他们在多元文化的熏陶下，拓展自己的眼界，提升自身的文化修养。

总的来说，高校思政教育的发展需要与时俱进，拥抱变革，持续创新，从而更好地培养出德智体美劳全面发展的社会主义建设者和接班人。只有不断适应时代的发展需求，不断提升教育质量，高校思政教育才能真正发挥其应有的作用，为学生成长成才贡献更多的力量。

三、高校思政教育的未来发展方向

高校思政教育的未来发展方向是积极探索创新思政教育模式，这是推动高校思政教育取得更大成效的关键。通过不断探索创新，可以更好地适应时代发展和学生成长的需求，提升思政教育的针对性和实效性。在实践中，可以通过丰富多样的教育形式和内容，引导学生树立正确的人生观、价值观，培养他们的社会责任感和使命感。同时，加强与先进教育理念的对接，吸收国内外教育资源，开展国际化交流合作，促进思政教育的国际化发展。通过这种积极探索与创新，高校思政教育将更好地服务于学生的全面发展，为培养德智体美劳全面发展的社会主义建设者和接班人做出更大贡献。

高校思政教育的未来发展方向是与时俱进，不断探索创新思政教育模式。在这个快速变化的时代，传统的教育方式已经无法满足学生们的需求。因此，高校思政教育需要勇于创新，积极迎接挑战。

一方面，可以通过开设多样化的课程，激发学生的学习兴趣，引导他们积极思考。同时，可以借鉴国内外先进的教育理念，结合本校实际情况，打造具有特色的思政教育模式。学校还可以加强与社会各界的合作，邀请专业人士和成功人士来校举办讲座和交流，为学生提供更广阔的视野和学习机会。

另一方面，高校思政教育还应更加注重培养学生的实践能力和创新精神。通过组织各类实践活动，让学生将所学知识运用到实践中，增强他们的综合素养。同时，学校还可以建立创新创业基地，为有创业梦想的学生提供支持和指导，激发他们的创新潜能。

在国际化交流合作方面，高校可以积极开展学生交流项目，与国外院校建立合作关系，为学生提供出国交流学习的机会。这不仅可以促进思政教育的国际化发展，还可以拓宽学生的视野，增强他们的国际竞争力。

总的来说，高校思政教育要不断探索创新，适应时代的变化，为学生的全面发展和成长提供更好的支持和引导。只有这样，高校思政教育才能更好地为社会主义建设者和接班人的培养做出更大的贡献。

深化思政教育内容和方式改革，是当前高校教育系统亟需关注和探索的重要议题。通过不断深化思政教育的内容和方式改革，可以更好地适应当前社会的发展需求，使思政教育真正发挥出应有的作用和效果。在这一过程中，高校需要不断完善教育教学内容，加强对学生的思想政治引导，培养学生的社会责任感和使命感，使他们在学习知识的同时，能够树立正确的人生观、价值观和世界观。同时，高校还要不断创新思政教育的方式和手段，采用多样化的教学方法，激发学生的学习兴趣，增强他们的参与感和归属感。只有在这样一个充满活力和创新的教育环境中，思政教育才能得到更好地实施和落地，为学生的综合素质提升和个人发展奠定坚实的基础。在未来的发展中，高校思政教育还需要不断与时俱进，紧跟社会变革和科技进步的步伐，不断提升教育水平和质量，以更好地适应复杂多变的社会环境和人才培养需求，为建设富有中国特色社会主义现代化强国贡献自己的力量。

高校思政教育的未来发展方向便是促进思政教育与学科专业融合发展。这种融合发展可以更好地实现思政教育内容与学科专业知识的有机结合。在未来的发展中，高校可以通过开设跨学科课程、设立思政教育岗位、组织专题研讨会等形式，促进思政教育与学科专业的深度融合，使思政教育不再是一种割裂、与学科专业无关的教育形式，而是与学科专业知识密切结合，相互促进、相得益彰。这样的融合发展模式将为学生提供更加全面、综合的教育资源，培养出更具有创新精神和社会责任感的人才。

通过促进思政教育与学科专业的融合发展，高校可以更好地发挥思政教育的育人功能，实现高等教育的育人目标。这种融合发展不仅可以提升学生的学术水平和专业能力，更可以培养学生的人文精神和社会责任感，让学生成为具有社会责任感和创新精神的人才。因此，促进思政教育与学科专业融合发展将成为高校思政教育未来发展的重要方向，将为高校思政教育带来新的发展机遇和挑战。

促进思政教育与学科专业融合发展，是高校提高育人效果的重要举措。在促进思政教育与学科专业融合发展的过程中，高校可以借助各种形式，如专题研讨会、课程整合等，打破学科壁垒，促进跨学科交叉融合，实现思政教育与学科专业知识的有机结合。

通过这种深度融合发展模式，学生能够更好地理解和把握学科专业知识，同时培养出更具创新精神和社会责任感的人才。在这个过程中，学生不仅能够获得学科专业知识的学习，更能够接受思想政治教育的熏陶，形成正确的人生观、价值观和社会责任感。

高校在促进思政教育与学科专业融合发展的同时，也需要不断探索创新，完善教育体系和教育教学方法，以适应时代发展的要求，培养适应社会需求的复合型人才。只有通过不断推进思政教育与学科专业的融合发展，高校才能真正实现教育育人的宗旨，为社会培养更多具有创新意识和社会责任感的优秀人才。

四、高校思政教育长远发展战略布局

高校思政教育的重要性不言而喻，它在培养学生的文化素养和人文精神方面发挥着至关重要的作用。在具体实践中，学生党建工作是高校思政教育的重要组成部分，通过引导学生参与党建活动，提升他们的思想政治素养。同时，高校思政教育还在不断探索创新实践，推动思政教育内容的不断创新，以适应时代发展的需要。

高校思政教育取得的成果令人欣慰，展望未来，我们需要更加注重长远发展战略布局。构建终身思政教育体系，是推进思政教育的必然选择。这将帮助学生在不同阶段都能够接受到思政教育的熏陶和引领，从而使他们始终保持正确的思想意识和政治立场。只有不断深化和完善高校思政教育工作，才能为培养德智体美劳全面发展的社会主义建设者和接班人做出更大的贡献。

构建终身思政教育体系，需要各方共同努力。学校作为重要的教育主体，要加强师德师风建设，注重教师的思想政治素养和专业能力培养，做好“育人为本”的工作。同时，家庭也是思政教育的重要环节，家长要注重对孩子的价值观和思想意识的培养，营造和谐的家庭氛围。社会也应该加强对高校思政教育的支持和关注，促进高校与社会的互动，实现教育资源的共享和优化。

构建终身思政教育体系，不仅需要注重内容上的创新和完善，还需要关注方式方法上的创新。利用现代科技手段，开展多样化的思政教育活动，增加学生的参与感和学习效果。同时，加强对学生个性特点和发展规律的了解，因材施教，引导学生树立正确的人生观和世界观。

构建终身思政教育体系，更需要注重质量和效果的评估。建立健全的评估机制，根据学生的思想政治素养和道德品行进行评估，及时发现问题和弱点，提出改进措施。只有不断地倾听学生的声音、关注学生的需求，才能做好思政教育工作，为学生成长成才提供有力支持。

构建终身思政教育体系，是高校教育事业的重要任务，也是国家长远发展的需要。希望各方共同努力，共同推动高校思政教育工作向更高水平迈进，为培养德智体美劳全面发展的社会主义建设者和接班人贡献力量。愿我们的教育事业蒸蒸日上，为实现中华民族伟大复兴中国梦不懈努力！

高校思政教育的国际化合作，是推动高等教育全球化进程的重要举措之一。通过与国际学术机构和教育机构合作，可以借鉴和汲取国际先进的教育理念和经验，为高校思政教育的发展提供新的思路和启示。同时，国际化合作还可以拓展高校思政教育的国际视野，培养学生的跨文化交流能力和全球意识，使他们更好地适应全球化的挑战和机遇。

高校思政教育的国际化合作应该注重学科交叉和跨学科合作，促进不同学科之间的融合和互补，为学生提供多维度、多角度的综合教育，培养其综合素质和创新能力。同时，国际化合作还可以促进高校教师和学生的国际交流与合作，拓展他们的研究领域和合作网络，提升学术水平和影响力。

在推动高校思政教育国际化合作的过程中，需要加强与国际教育组织和机构的合作，积极参与国际学术会议和交流活动，促进高校思政教育理论和实践的国际传播和交流。同时，还可以通过开展国际合作项目和交流计划，邀请国际知名学者和专家来校访问和讲学，引进国外优质教育资源和课程，丰富高校思政教育的内容和形式，提升教学质量和效果。

总的来说，推动高校思政教育国际化合作，不仅可以促进高等教育的国际化发展，提升高校的学术地位和影响力，还可以培养学生的国际化视野和全球胸怀，为他们的未来发展和成长奠定坚实基础。希望通过不懈的努力和探索，高校思政教育可以在国际舞台上展现出更加光明的未来。

通过不断深化国际合作，高校思政教育可以拓展更广阔的领域，吸引更多国际学者和专家的关注和参与。同时，加强国际交流合作也可以促进高校思政教育的创新和发展，为实现高校人才培养目标和教育改革提供更多的经验和借鉴。在国际化合作的框架下，高校思政教育可以借鉴和吸收国外先进的教育理念和方法，不断完善教育体系，提高教学水平，培养出更具国际竞争力的人才。通过扩大合作网络，高校思政教育可以更好地融入国际教育体系，拓展国际化视野，推动学术水平和影响力的提升。随着全球化进程的加速推进，高校思政教育国际化合作将成为未来教育领域的重要趋势，为实现世界一流大学的建设目标，为推动教育国际化做出更大的贡献。愿高校思政教育在国际合作的大道上越走越宽广，教育教学水平更上一层楼，为培养全面发展的人才贡献更多力量。

高校思政教育在培养学生的文化素养和人文精神方面起着至关重要的作用。作为大学的论文导师，我们必须认识到，高校思政教育不仅仅是传授知识，更重要的是塑造学生的思想道德品质和社会责任感。在具体实践中，我们需要重点关注学生党建工作，通过加强组织引领和思想教育，引导学生树立正确的世界观、人生观和价值观。

为了不断推进高校思政教育的创新实践，我们需要不断丰富教育内容，注重培养学生的创新思维和综合素质。在实践中，我们应该鼓励学生参与社会实践和志愿服务活动，积极培养他们的团队合作精神和社会责任感，着力提升他们的综合素质和创新能力。

通过不懈努力，高校思政教育已经取得了一些成果，并展望着更加美好的未来。在未来的发展中，我们需要构建长远的战略布局，加强思政教育与学科教育、校园文化建设的融合，打造立体化的思政教育支撑平台。这样的平台将为高校思政教育的不断提升和发展提供有力支持，促进学生全面发展，成为德智体美劳全面发展的社会主义建设者和接班人。

在构建立体化思政教育支撑平台的过程中，我们需要注重引领和激励学生的内在动力，以培养他们独立思考和创新实践的能力。为此，我们可以借助多种形式的思政教育资源，如心理健康教育、课外读书会、社会实践等，拓展学生的视野，促使他们不断完善自我，树立正确的人生目标。

我们还需要注重教师团队的建设和培训，提升他们的专业水平和教育素养，从而更好地引导学生，促进学生成长成才。教师们应当成为学生的引路人和榜样，以身作则，引导学生在不断实践中树立正确的世界观、人生观和价值观。

在建设立体化思政教育支撑平台的过程中，我们也需要与社会各界加强合作，深化校企合作，为学生提供更广阔的实践机会和职业发展平台。只有学校、学生和社会共同努力，才能推动高校思政教育实践成果的不断增长，让每一位学生在成长中受益，为社会的繁荣和进步贡献自己的力量。

未来，我们期待着高校思政教育能够更好地融入学生的日常生活和成长教育中，成为他们健康成长的助力和引导，引领他们迈向更加美好、充实的人生。只有不断努力创新，完善思政教育工作，才能真正实现教育全面发展，为社会培养更多优秀人才，为国家的繁荣和长治久安贡献我们的力量。

第三章　高校思政教育理论体系的构建与发展

第一节　思政教育理论的基本概念和内涵

一、思想政治教育的定义及重要性

思政教育的历史渊源可追溯至古代中国，其目的在于培养学生的政治思想和道德品质。在清代，思政教育更加突出封建主义和儒家思想的影响，强调忠诚、孝顺等传统价值观。到了近代，思政教育受到西方思想的冲击，开始融合现代价值观和民主理念，强调个体自由、平等和尊重。随着时代的发展，思政教育在中国大学中得到了更加系统和深入的发展，成为一项重要的教育内容。

思政教育的历史渊源在中国有着悠久的历史，它早在古代就开始在教育中占据着重要地位。随着时代的变迁，思政教育的内涵也经历了不断的丰富和发展。在封建社会，思政教育更多地注重于忠诚、孝顺等传统价值观的灌输，以维护统治者的统治地位和社会秩序。而进入近代以后，思政教育受到了来自西方的冲击，开始融合现代价值观和民主理念，注重个体的自由、平等和尊重。这种转变不仅为思政教育注入了新的活力，也为中国大学的教育教学提供了更加广阔的思考空间。

在当今社会，思政教育已不再仅仅是传统意义上政治思想和道德品质的培养，更多地应当包含对学生的全面素质的培养。思政教育应当引导学生树立正确的人生观、价值观，培养学生的独立思考能力和批判精神。应当注重培养学生的社会责任感和公民意识，使他们具备担当社会发展与建设重任的能力。同时，思政教育还应当结合时代的发展趋势，引导学生面向未来，不断开拓创新，为建设美好的社会和国家贡献自己的力量。

思政教育作为中国大学教育的重要组成部分，需要不断与时俱进，不断拓展其内容和形式，以适应当代大学生的需求和社会的发展需求。思政教育的历史渊源虽然源远流长，但其使命和价值永远都在变化中得以体现和传承。希望未来的思政教育能够更加贴近学生、贴近社会，真正实现其育人的使命，为培养更多高素质的人才做出积极贡献。

思政教育的基本任务包括引导学生树立正确的世界观、人生观和价值观，培养学生的社会责任感和民族责任感，提高学生的法治意识和道德修养。同时，思政教育也要促进学生综合素质的全面发展，培养学生独立思考和批判性思维能力，提高学生的创新能力和实践能力。思政教育的基本任务还包括帮助学生树立正确的人生目标和职业理想，引导学生树立正确的学习态度和人生态度，促进学生身心健康发展，培养学生积极向上的人生态度和价值观。思政教育的基本任务还包括提高学生的社会适应能力，培养学生的团队协作精神和创业创新精神，促进学生的全面发展和终身发展。思政教育的基本任务是为了培养德智体美全面发展的社会主义建设者和接班人，为实现中华民族伟大复兴的中国梦奠定坚实的思想基础。

思政教育的基本任务还包括引导学生认识自身的责任和义务，激发学生的公益意识和奉献精神，培养学生的社会公德和人文情怀。同时，思政教育也要提高学生的文化修养和综合素质，引导学生弘扬民族精神和传统美德，培养学生的审美情趣和文学素养。思政教育的基本任务还包括帮助学生发展自身的兴趣爱好和特长，培养学生的学习兴趣和创造力，提高学生的自主学习和发展能力。思政教育的基本任务是为了塑造德智体美全面发展的社会主义新时代人才，为推动国家经济社会的快速发展和文明进步提供坚实的人才支持。愿每一位学生在思政教育的引领下，不断实现自身的成长与价值，为社会进步和民族振兴做出积极贡献。

在当代高校，思政教育被视为一项重要的使命和责任，其理论基础是马克思主义，是中国共产党的根本指导思想。思政教育理论的基本概念和内涵是通过系统学习和传承马克思列宁主义、毛泽东思想、邓小平理论、“三个代表”重要思想、科学发展观，全面贯彻党的基本路线、基本纲领、基本政策和基本经验，发挥学生的主体作用，提高学生的思维能力、创新素质和良好品德，培养学生的社会责任感、人生理想和国家意识，使学生成为时代的有用之才。

思政教育理论从党的建设、意识形态建设、思想政治工作、青年工作等理论和实践中吸收养分，形成了系统的理论体系。在不同历史时期，思政教育理论不断地丰富和完善，以适应时代的发展和思想道德素质需求。

思政教育理论强调培养学生的思想道德素质，促使学生具有独立思考、创新精神和责任感，使他们成为有理想、有担当的新时代青年，为国家和社会的发展做出贡献。

思政教育理论重视学校、家庭、社会的互动和共同努力，形成了多层次、多角度的思政教育体系。学校、家庭、社会在思政教育中各尽其责，相互配合，构建起一张立体的思政教育网络。

高校思政教育理论基础的构建和发展必须以马克思主义为指导，深入挖掘思政教育的理论内涵，不断完善和发展思政教育体系，提高思政教育的针对性和实效性，培养更加优秀的青年一代，为建设社会主义现代化强国贡献力量。

二、高校思政教育体系的构建

在高校思政教育的实践中，我们应该明确高校思政教育的目标和任务。高校思政教育的目标是培养德智体美劳全面发展的社会主义建设者和接班人，使学生具有正确的世界观、人生观和价值观，始终保持对党忠诚、热爱祖国、心系人民、崇尚科学，能够继承和发扬中华民族优秀传统文化，增强文化自觉和文化自信。

高校思政教育的任务是引导学生树立正确的人生观、世界观和价值观，发挥个性潜能，提高综合素质和创新能力，增强社会责任感和使命感，培养勇担时代使命、敢于创新奉献的社会主义建设者和接班人。高校思政教育要坚持立德树人、育人为本，努力建设具有中国特色、世界一流的高水平大学。通过思政教育，培养德才兼备、知行合一、能力卓越的社会主义建设者和接班人。

高校思政教育的实践中，我们应该通过多种途径引导学生树立正确的人生观、世界观和价值观。除了课堂教学外，还应该注重引导学生参与社会实践和志愿服务活动，提升他们的社会责任感和使命感。高校思政教育还应该注重培养学生的创新能力，鼓励他们勇于探索，勇于尝试，勇于创新。在这个充满竞争和挑战的社会中，只有具备创新能力的人才才能立于不败之地。

在高校思政教育的实践中，我们还需注重培养学生的综合素质。不仅要注重学生的专业知识学习，还要关注他们的体育锻炼、艺术修养等方面。只有全面发展的人才才能适应社会的多样化需求，才能在未来的竞争中立于不败之地。高校思政教育也应该鼓励学生树立正确的人生目标和追求，引导他们勇敢追求自己的梦想，努力实现自己的人生理想。

在高校思政教育的实践中，我们还要注重传承和发扬中华民族优秀传统文化。要让学生了解和尊重中华传统文化的价值，培养他们对传统文化的文化自觉和文化自信。只有具备文化自觉和文化自信的人才才能在国际交往中展示自己的优秀文化，才能在文化交流中展现中华民族的自信与魅力。

高校思政教育的目标和任务是多方面的，需要全社会的共同努力来推动。只有通过不懈的努力和实践，才能培养出更多德智体美劳全面发展的社会主义建设者和接班人。愿我们共同努力，为高校思政教育事业的发展贡献自己的力量。

高校思政教育的内容主要包括思想政治理论课教育、思想政治工作和思政文化建设。思想政治理论课教育是高校思政教育的核心内容，是通过课堂教学向学生传授马克思主义基本原理、中国特色社会主义理论体系等知识，帮助学生树立正确的世界观、人生观、价值观。思想政治工作是在校园中进行的全方位、多层次的思想引导和精神激励，旨在引导学生增强思想政治素质，增强爱国主义精神和社会主义核心价值观。思政文化建设是通过营造浓厚的氛围、丰富的形式，推动校园文化和精神文明建设，助力高校学生形成积极向上、向善向美的精神追求。高校思政教育的形式多样，包括课堂教学、讲座、心理辅导、实践教学、志愿服务等多种形式，以求全方位、全过程地促进学生的思想政治素质的提高。

高校思政教育的内容和形式是多元化的，不仅仅是单一的传授知识，而是通过多种形式全方位地塑造学生的思想政治素养。除了课堂教学，校园内还会举办各种形式的讲座，邀请专家学者和社会名流来分享他们的见解和经验。心理辅导也是不可或缺的一部分，学生在面对压力和挑战时，需要得到及时的帮助和指导。实践教学和志愿服务则是考验学生理论知识应用的重要途径，通过参与社会实践和志愿活动，学生能够将所学知识转化为实际能力。在校园中营造浓厚的氛围、丰富的形式，也是推动思政文化建设的重要内容。只有在这样的氛围中，学生才能够感受到正能量的影响，形成积极向上、向善向美的精神追求。高校思政教育的形式虽然多样，但不失统一性和针对性，始终以促进学生思想政治素质的提高为目标。只有不断创新教育内容和形式，才能让学生在全面发展的道路上越走越稳健，为建设社会主义现代化国家贡献自己的力量。

高校思政教育的方法和手段是指在教育教学过程中，通过采用各种适合学生特点和实际情况的方式和工具，达到培养学生思想品德、提高综合素质的目的。高校思政教育的方法和手段有多种多样，包括课堂教学、讨论交流、社会实践、心理辅导、网络教育等多种形式。其中，课堂教学是思政教育的主要渠道之一，通过教师的言传身教，引导学生明辨是非、树立正确的人生观和价值观，使他们在学习知识的同时培养情感、品德、态度等方面的素质。

讨论交流是思政教育重要的方法之一，通过学生之间的互相交流、意见碰撞，引导学生在不同观点中思考，形成独立、辩证、批判的思维能力。社会实践是思政教育的另一种重要方法，通过参与社会实践活动，让学生感受社会生活的复杂性和多样性，增强学生的社会责任感和使命感。心理辅导是帮助学生解决心理问题，促进学生心理健康成长的重要手段，可以帮助学生更好地认识自我，提高自我管理和自我调节能力。

网络教育是近年来发展迅速的一种思政教育方式，通过网络平台进行在线教学、交流和学习，使学生能够随时随地获取知识，拓展思维，提高个人素质。高校思政教育的方法和手段具有多样性和针对性，需要根据学生的特点和需求来选择和运用，以实现思政教育的目标和效果。通过多种形式的思政教育方法和手段的综合运用，可以更好地激发学生的学习兴趣，提高他们的思想素质和综合素质，促进他们健康成长和全面发展。

高校思政教育的方法和手段还包括开展专题教育活动、开展思想政治理论课教学和开展社会实践等形式。专题教育活动能够帮助学生深入了解特定主题，拓宽视野，增强思想认识。思想政治理论课教学是高校教育的重要组成部分，通过系统的理论课教学，能够引导学生正确树立世界观、人生观和价值观，激发学生的爱国情怀和社会责任感。开展社会实践活动可以让学生走出校园，走进社会，真正感受社会的温暖与残酷，培养学生实践能力和社会适应能力。

同时，高校还可以组织一些丰富多彩的文化艺术活动和体育竞赛，通过这些活动，激发学生的创造力和团队合作精神，培养学生的审美情趣和身体素质。开展心理健康教育也是十分必要的，帮助学生建立正确的人生观和心态，提高应对挫折和困难的能力。

在新时代，高校思政教育的方法与手段需要与时俱进，结合学生的实际情况和需求，不断创新教育方式，提高教育质量。只有通过多种形式、多元化的思政教育方法和手段的综合运用，才能更好地引导学生树立正确的人生观、价值观，培养他们全面发展的综合素质，为他们未来的成长和发展奠定坚实的基础。

高校思政教育的评价指标是对教育理论和工作进行综合评价的标准和依据。它包括思政教育的目标与内容、教学质量与效果、学生思想政治素质培养情况、师资队伍建设等方面。评价指标的制定和实施对于评估高校思政教育的现状和发展水平至关重要。通过对评价指标的分析和评估，可以检验和优化高校思政教育的教育理念和实践效果，提高学生的思想政治素质和综合素质。同时，评价指标也可以为高校思政教育的改革和发展提供重要的依据和支持。在建设高校思政教育体系中，充分考虑和运用评价指标，可以促进思政教育的全面发展，提高思政教育的质量和水平。

高校思政教育的管理机制是高校思想政治理论课教学工作的重要组成部分。高校思政教育的管理机制包括课程设置、教师队伍建设、教学质量评估和教学改革等方面。在课程设置方面，高校通过不断完善和调整课程内容和教学方法，确保思政课程符合学生的学习需求和社会发展的要求。在教师队伍建设方面，高校重视培养一支政治素质高、业务能力强的教师队伍，为学生提供优质的教学服务。在教学质量评估方面，高校建立健全的教学评估体系，不断提升思政教育的教学质量。在教学改革方面，高校积极探索新的教学模式和方法，不断创新思政教育工作，提高思政教育的实效性和针对性。高校思政教育的管理机制的建设和完善，对于提升思政教育的质量和水平具有重要意义。

高校思政教育的管理机制是保障思想政治理论课教学工作顺利开展的重要保障。在课程设置方面，高校需要不断更新教学内容，适应时代要求，引入前沿理论，激发学生学习的兴趣。同时，建立起多样化的教学方法，提高课程的吸引力和实用性。教师队伍建设也是至关重要的，高校应该加强师资队伍建设，提高专业素养和教学水平，为学生们搭建一个良好的学习平台。

教学质量评估是推动高校思政教育不断提升的关键环节。建立科学、全面的评估体系，能够及时发现问题并加以解决，促进思政教育工作的健康发展。教学改革方面更是需要高校不断探索创新，积极开展教学改革实践，推动思政教育朝着更加多元化、个性化的方向发展。只有不断完善高校思政教育的管理机制，才能真正提升思政教育的实效性和针对性，为培养德智体美全面发展的社会主义建设者和接班人做出积极贡献。这对于提高高校教育教学质量、推动教育事业发展，乃至国家的长治久安都具有深远的意义。

三、高校思政教育理论的发展方向

思政教育与学生成长是高校教育的重要组成部分，旨在引导学生树立正确的人生观、价值观和世界观，培养德智体美全面发展的社会主义建设者和接班人。高校思政教育理论的内涵丰富多元，涵盖了认识论、道德伦理、政治哲学等方面，以发展全面素质教育为目标。在实践中，高校思政教育理论不断探索创新，强调学生综合素质的培养和能力的提升，以促进学生的全面发展和个性成长。思政教育理论的发展方向主要包括教育内容的更新与完善、教育方法的创新与改进、教育环境的优化与建设等方面，以全面提升高校思政教育的实效性和针对性。思政教育与学生成长密切相关，是学生个性发展和社会适应能力提升的重要途径。通过高校思政教育的引导和培养，学生能够树立正确的人生观和价值观，具备扎实的专业知识和综合素质，逐步实现自我成长和社会责任的承担。高校思政教育与学生成长相辅相成，共同促进学生全面发展和社会进步。

思政教育与社会发展密不可分，是高校教育的重要组成部分。高校思政教育理论的发展方向与社会发展相结合，积极响应时代需求，引领社会潮流。思政教育旨在激发学生的思想觉悟，培养社会责任感和使命感，促进学生成为社会栋梁。通过思政教育，学生能够提升自身的思想道德修养，具备正确的人生观、价值观和社会责任感，为建设社会主义现代化事业贡献力量。

高校思政教育理论的基本概念和内涵包括了培养学生的爱国主义精神、社会主义核心价值观和中华传统美德，注重学生思想道德素质的全面发展。高校思政教育理论的核心是要使学生树立正确的人生观、价值观和世界观，增强社会责任感，培养爱国情怀，提高社会认同感。高校思政教育理论的发展方向是要接轨时代，与社会发展相契合，推动学生的综合素质提升，促进社会的全面进步。

思政教育与社会发展是相辅相成、相互促进的关系。高校思政教育通过引导学生成为有理想、有道德、有文化、有纪律的社会主义事业建设者和接班人，为社会发展贡献力量。思政教育应当与社会发展同行，深入了解社会变化，不断更新教育理念，不断改进教育方法，推动学生健康成长，为建设社会主义现代化国家贡献智慧和力量。只有将思政教育与社会发展有机结合，才能真正实现高校教育的使命和责任。

高校思政教育的核心任务是培养学生正确的人生观、价值观和世界观，使他们具备强烈的社会责任感和爱国情怀。随着社会的快速发展和变化，高校思政教育也需要与时俱进，不断更新教育理念，探索更加有效的教育方法。只有这样，才能更好地促进学生的综合素质提升，推动社会的全面进步。

思政教育与社会发展是紧密相连的，高校应当深入了解社会的要求和变化，积极引导学生投身社会建设和发展。高校思政教育不仅要关注学生的学业成绩，更要注重培养他们的批判性思维和创新能力，使他们成为能够适应社会发展需求的人才。同时，高校还要加强与社会各界的沟通和合作，搭建起学校与社会之间的桥梁，共同推动社会的繁荣和进步。

在当今社会，高校思政教育不再是简单灌输知识和道德，更需要注重培养学生的综合素质和实践能力，使他们能够在不断变化的社会环境中立足并蓬勃发展。高校思政教育的目标是要使每一位学生都能够成为社会的栋梁之材，为国家的现代化建设和进步做出自己的贡献。只有坚持以人为本，真正将学生的发展放在首位，才能实现高校教育的使命和责任。愿高校思政教育与社会发展紧密相连，共同促进人才培养和社会进步的良性循环。

高校思政教育理论作为一种新型的教育理论体系，致力于引导学生树立正确的人生观、世界观和价值观，培养德智体美劳全面发展的社会主义建设者和接班人。在这个体系中，思政教育的基本概念和内涵是十分重要的，它包括政治思想教育、思想道德品质教育、法制教育等多个方面的内容，致力于培养学生正确的政治理念和正确的行为道德。高校思政教育理论的发展方向是着眼于国家和社会的需求，紧密结合当前时代的特点和趋势，不断完善和创新教育教学模式，促进学生全面发展，提高社会责任意识。思政教育与国家建设息息相关，它不仅是高校教育的重要组成部分，更是培养国家未来发展的根本保障。通过思政教育，可以引导学生树立正确的政治意识和社会责任感，促进国家建设和发展的全面推进。

在新时代，高校思政教育需紧跟国家发展脉搏，深入贯彻落实国家政策，传承和弘扬中华优秀传统文化，注重学生全面素质的培养。学校应该注重提高学生的政治参与能力和社会责任感，引导学生成为具有国际视野和民族情怀的社会主义建设者和接班人。同时，高校的思政教育也应该加强与社会实践相结合，注重实践教育的开展，促使学生将学到的理论知识与实际应用相结合，培养学生在面对实际问题时能够正确运用所学知识的能力。

思政教育也需要关注每一个学生的个体差异，注重个性发展，激发学生的创新意识和创造力。通过多元的教育手段和形式，激发学生的学习兴趣和动力，引导学生积极参与各种社会实践活动，提升学生的团队协作能力和领导才能。在思政教育过程中，要让学生树立正确的人生观、世界观和价值观，培养学生独立自主的思考能力和批判性思维，使学生具备辨别是非曲直的能力，培养学生正确的判断力和决策能力。

高校思政教育还应该着力推动教育教学改革，注重创新人才培养模式，建立以学生为中心的教育理念，培养有社会责任感和创新能力的优秀人才。高校思政教育要与国家建设和未来发展需求相结合，积极倡导社会主义核心价值观，强化学生对文化传统和历史使命的认同，让学生在学习的过程中感受到民族精神的力量，培养学生对国家和社会的热爱和责任感。因此，高校思政教育应该注重学生的全面发展，使学生不仅是知识的获取者，更是道德的践行者和社会的建设者。

高校思政教育理论的发展方向主要包括加强理论研究、丰富教育内容、创新教育方法、强化实践教学等方面，不断完善体系和机制，推动思政教育不断深化和发展。思政教育与国际交流是在全球化背景下必然要面对的挑战和机遇，加强国际交流可以借鉴和吸收国外先进的思政教育理念和经验，有利于提高思政教育的水平和质量，推动高校思政教育走向国际化。通过国际交流，可以促进不同文化背景下的交流和碰撞，增进对世界其他国家的了解和认识，拓宽学生的国际视野，培养国际化人才，为高校思政教育的发展注入新的活力和动力。

在全球化的今天，高校思政教育需要不断开拓国际视野，与国际接轨，才能更好地适应时代潮流，提升教育质量。加强国际交流不仅可以让我们借鉴他人的优点，还可以让我们更好地展现自己的特色，从而实现共赢的局面。通过国际交流，我们可以建立起更广泛的教育合作关系，促进教育资源的共享和交流，为学生提供更多元化的学习机会。

国际交流不仅仅是带动思政教育的发展，更是为培养国际化人才提供了重要平台。学生们在海外学习和生活经历中，不仅可以了解世界各国的文化，还可以提升自身的综合素质，增强独立思考和解决问题的能力。这种跨文化的体验，不仅能够帮助学生更好地适应多元文化的环境，还能够培养学生的国际竞争力，为其未来职业发展打下坚实的基础。

同时，在国际交流的过程中，高校思政教育也需要重视文化的传承和创新。只有在尊重和包容不同文化的基础上，才能更好地促进思政教育的发展和提升。因此，通过国际交流，应该注重文化的传播和交流，推动思政教育与国际交流的良性互动，共同推动高校思政教育向更高水平发展。

第二节　高校思政教育实践工作探索

一、高校思政教育实践的重要性

高校思政教育实践的定义包括了对学生进行全方位的思想政治教育，培养其正确的世界观、人生观和价值观。这是一种根植于高校教育工作中的重要实践活动，旨在引导学生树立正确的思想观念，培养他们的社会责任感和使命感。通过开展各种形式的思政教育活动，如讲座、讨论、实践活动等，学校可以帮助学生全面了解国家政策、社会经济发展情况，激发他们的爱国情怀和社会责任感。高校思政教育实践旨在让学生具备正确的道德品质和社会责任感，为建设社会主义现代化国家做出积极贡献。

高校思政教育实践的本质是要引导学生树立正确的理想信念，树立正确的人生目标。通过讲座、讨论、实践活动等形式的教育活动，学校可以帮助学生增强社会责任感，培养团队合作精神和创新意识。高校思政教育实践旨在培养学生正确的政治意识和思想道德观，引导他们积极投身社会主义现代化建设的伟大事业中。只有通过这种全方位的思想政治教育，学生才能真正成为有担当、有作为的社会主义建设者和接班人。高校思政教育实践活动的深入开展，可以帮助学生明确自己的职业规划和发展方向，树立正确的人生观和人生态度。同时，也能够为学生成长成才提供有效的指导和帮助，使他们更好地融入社会，为国家的繁荣稳定贡献力量。在这个过程中，学校应该注重培养学生的综合素质和实践能力，让他们不仅在学术上有所突破，也能够在社会实践中展现自己的价值和能力，为国家和社会的发展进步做出积极贡献。通过高校思政教育实践的持续推进，可以帮助学生建立正确的人生观和世界观，树立正确的历史观和价值观，成为具有社会责任感和使命感的新时代青年。

高校思政教育实践的意义在于提升学生的思想道德素质，培养他们的社会责任感和家国情怀，促进学生全面发展。通过思政教育实践，可以引导学生树立正确的人生观、世界观和价值观，使其具备正确的人生导向和行为准则。高校思政教育实践还有助于学生树立正确的政治立场和世界观，增强其社会责任感和民族自豪感，培养自信、自强、自立的良好品质。

高校思政教育实践对于提高学生的社会适应能力和自我认知能力也具有重要意义。通过参与思政教育实践活动，学生可以增强自我管理能力和团队合作能力，培养创新精神和实践能力。思政教育实践还可以促进学生树立正确的学习态度和人际交往能力，培养学生的自主学习能力和批判思维能力。

总的来说，高校思政教育实践对于推动学生综合素质的提升、促进学生全面发展、培养德智体美劳全面发展的社会主义建设者和接班人具有重要意义。通过思政教育实践，可以为培养德才兼备、具有国际竞争力的高素质人才奠定基础，为建设社会主义现代化强国贡献力量。因此，高校思政教育实践应当得到高度重视和深入推进，不断完善教育体系，为学生提供更加优质的教育资源，助力他们成长成才。

高校思政教育实践的意义不仅在于提高学生的社会适应能力和自我认知能力。更重要的是，通过参与思政教育实践活动，学生可以发展自己的创新能力和实践能力，培养团队合作精神。思政教育实践还有助于学生树立正确的学习态度，提升他们的人际交往能力和自主学习能力。

继续深入推进高校思政教育实践，不仅可以推动学生综合素质的提升，促进学生全面发展，还能培养德智体美劳全面发展的社会主义建设者和接班人。通过思政教育实践，可以为培养德才兼备、具有国际竞争力的高素质人才奠定基础，为建设社会主义现代化强国贡献力量。

因此，高校思政教育实践应当受到高度重视，持续深入推进。只有不断完善教育体系，为学生提供更加优质的教育资源，才能真正助力他们在成长过程中获得全面的发展，为未来的社会主义建设事业贡献自己的力量。高校思政教育实践不仅是教育工作的重要环节，更是培养学生为社会主义现代化强国建设贡献力量的有效途径。希望未来高校思政教育实践能够进一步拓展领域，深化内涵，为学生的成长成才提供更多更好的支持和保障。

高校思政教育实践的目标是培养学生的价值观念和社会责任感，促进他们全面发展和健康成长。通过思政教育实践，学生可以不断提高自我修养和道德素质，建立正确的人生观、世界观和价值观，增强社会责任感和使命感，积极投身于社会实践和公益活动中。高校思政教育实践的目标还包括引导学生积极参与社会实践和实践教学活动，提高他们的实践能力和创新能力，培养他们的实践精神和团队合作意识，为将来成为全面发展的社会主义建设者和接班人奠定坚实基础。在实践中，学生将面对各种现实挑战和困难，通过实践探索和实践创新，不断提高解决问题的能力和应对挑战的能力，为自己的未来发展奠定坚实基础。高校思政教育实践的目标旨在引导学生走出课堂，勇敢面对实践和挑战，锻炼他们的意志品质和综合素养，促使他们成为具有社会责任感和使命感的新时代青年。

高校思政教育实践的目标还包括引导学生相互尊重、团结合作，培养他们的团队意识和沟通能力，使他们在实践中学会与他人合作、协同努力，共同完成任务。通过参与各类社会实践和志愿活动，学生们能够感受到社会的多样性和复杂性，开拓视野，增强包容心和适应力，培养跨文化交流能力和全球意识。

高校思政教育实践旨在使学生在实践中学会独立思考、解决问题，培养他们的创新精神和实践能力。在面对挑战和困境时，学生们要学会冷静分析、勇于担当，找到解决问题的有效途径，不断提升自己的综合素质和能力水平。通过积极参与社会实践和公益活动，学生们还能够增强社会责任感、做培养使命感，将个人的发展与社会发展紧密联系在一起，为国家和社会的建设贡献自己的力量。

高校思政教育实践的目标在于引导学生树立正确的人生观和价值观，培养他们的独立人格和社会观念，使他们成为具有社会担当和人文素养的优秀青年。通过实践锻炼和磨砺，学生们将不断完善自我，提高自身修养，不断拓展自己的视野和境界，为未来的发展做好充分准备。高校思政教育实践的目标是为学生们的终身发展打下坚实的基础，培养他们成为既有理想抱负又具备实践能力和社会责任感的新时代青年。

二、高校思政教育实践的内容

思政教育实践的主要形式包括思想政治理论课教学、社会实践、思想政治教育活动和校园文化建设等。其中，思想政治理论课教学是高校思政教育的重要组成部分，通过开设思想政治理论课程，引导学生树立正确的世界观、人生观和价值观。同时，社会实践活动作为一种重要的教学手段，能够帮助学生将理论与实践相结合，提高学生的综合素质和实践能力。思政教育活动也是高校思政教育的重要形式之一，通过组织各类思政教育活动，可以增强学生的思想政治觉悟，培养学生的人文情怀和社会责任感。校园文化建设是高校思政教育的重要内容，通过建设丰富多彩的校园文化，可以营造积极向上、健康向善的校园氛围，促进学生成长成才。通过综合运用以上形式，高校思政教育可以更好地发挥教育功能，促进学生成长成才，为社会发展做出贡献。

高校思政教育实践的活动组织，是为了促进学生的思想政治教育，引导学生树立正确的世界观、人生观、价值观。活动组织要围绕思政教育的核心任务，注重结合实际，突出实效性和创新性，引导学生全面发展。活动组织的形式多样，如学术讲座、座谈会、读书交流、社会实践等，通过多层次、多角度的活动设计，达到思政教育的目的。在活动组织中，要注重培养学生的思辨能力和批判意识，引导他们思考现实问题、认识社会发展，具有强烈的社会责任感和使命感。活动组织也要注重个性化培养，根据学生的需求和特点，量身定制教育方案，引导他们形成独立思考、自主学习的习惯。通过精心策划的活动组织，实现思政教育目标的有效落实，促使学生终身受益、永葆初心。

三、高校思政教育实践的方法

实践教学是高校思政教育的重要组成部分，通过实践教学，学生可以将在课堂上所学到的理论知识应用到实际生活中，培养实践能力和创新精神。实践教学可以是学生参与社会实践活动，也可以是参与实习或实训课程，通过这些实践活动，学生能够锻炼自己的专业技能，增强综合素质。实践教学能够帮助学生更好地了解社会现实，增强社会责任感和使命感，树立正确的人生观和价值观。在高校思政教育中，实践教学起着至关重要的作用，是理论和实践相结合的重要形式。

在实践教学过程中，学生不仅可以通过实际操作来巩固和加深所学知识，还能够培养自己的团队合作能力和沟通能力。实践教学还可以让学生更好地了解自己的兴趣和擅长领域，为以后的职业发展打下基础。通过实践教学，学生可以实现自我认识和自我提升，培养自己的创新思维和解决问题的能力。实践教学是高校思政教育的重要途径之一，能够促进学生全面发展，提升综合素质，为他们未来的发展打下坚实基础。

社会实践是高校思政教育的重要组成部分，是培养学生社会责任感和实践能力的有效途径。通过参与社会实践活动，学生可以更好地了解社会现实、增强社会情感，提高社会适应能力。高校应积极组织学生参与各类社会实践活动，如社区服务、志愿活动、实习实践等，让学生在实践中感受生活，增长见识，锻炼能力。社会实践不仅可以促进学生的综合素质提升，培养学生的团队合作精神和社会责任感，还可以加深学生对专业知识的理解，提升实践能力和创新意识，为未来的就业和发展打下坚实基础。通过积极参与社会实践，学生能够更好地实现个人价值，同时也为社会发展做出积极贡献。

心理实践是高校思政教育中至关重要的一环，通过针对学生心理特点和需求的实践活动，促进学生身心健康发展。具体来说，心理实践包括心理辅导、心理咨询、心理测量等多种形式，旨在帮助学生解决心理困惑、提升自我认知和情绪管理能力。通过心理实践，学生能够更好地理解自己的内心世界，建立积极的人际关系，充实自己的精神生活。在高校思政教育中，心理实践不仅是教育方式的延伸，更是促进学生成长成才的必要环节。通过心理实践，学生可以更好地适应高校生活，提升自身综合素质，不断完善个人内在修养，实现自我价值和社会发展的统一。

心理实践的重要性不容忽视，它不仅仅是一种实践活动，更是一种促进学生全面发展的重要手段。在高校思政教育中，心理实践通过各种形式的活动，如心理辅导、心理咨询、心理测量等，为学生提供了解决心理困扰、提升自我认知和情绪管理能力的机会。通过心理实践，学生可以更加深入地了解自己内心深处的需求和情感，从而更好地应对生活中的挑战和压力。

在心理实践过程中，学生还能够建立起更加积极健康的人际关系，学会与他人沟通交流，增强团队合作意识，提高自己的社交技巧。这种交流互动既能够帮助学生认识到自己的不足之处，也能够启发他们从他人的角度去审视问题，拓展思维，提高解决问题的能力。

通过参与心理实践，学生能够不断地完善自己的内在修养，提升自身综合素质，从而实现自我价值和社会的发展统一。这种全方位的发展，不仅使学生在心理健康方面得到保障，更让他们在人格修养、价值观念等方面得到提升。同时，学生在心理实践中也能够培养自己的品德修养，促进自身修养和道德素养的全面提升。

总的来说，心理实践在高校思政教育中扮演着不可或缺的角色，通过这一重要环节的参与，学生可以更好地适应大学生活，提升自身能力，实现自我价值和社会发展的统一。因此，我们应该充分重视心理实践的作用，为学生提供更加丰富多样的心理教育服务，推动学生全面发展，助力他们成为品德高尚、能力过硬的社会栋梁。

创新创业实践是一种培养学生创新意识和创业精神的重要途径，通过开展创新创业实践活动，可以帮助学生培养解决问题的能力和团队合作精神，提升他们的实际操作技能和创新思维能力。高校在创新创业实践中应该注重培养学生的创新创业意识，引导学生积极参与创业实践活动，培养学生的创业能力和实践能力。创新创业实践活动旨在帮助学生发掘自己的潜能，培养学生的创业精神和团队协作能力，提升学生的实际操作技能和创新思维能力。通过创新创业实践活动，学生可以更好地了解自己的兴趣和能力，培养实践能力，提升创新能力，为未来的创业道路打下坚实的基础。

四、高校思政教育实践的效果评估

高校思政教育的核心理念是培养学生的思想政治素养，引导他们树立正确的世界观、人生观和价值观。这一理念体现了教育的终极目标，也是高等教育的使命所在。通过思政教育，学生可以在学术学习的同时，更全面地了解社会、政治、文化等方面的知识，提高对社会发展和国家建设的认识和参与度。高校思政教育的目的在于培养德智体美劳全面发展的社会主义建设者和接班人，让他们具备正确的世界观和人生观，不断提高自我修养和社会责任感。

高校思政教育理论的发展方向呈现出多元化和更新变革的趋势。随着时代的变迁和社会的发展，思政教育理论也需要不断丰富和完善。未来的高校思政教育将更加注重个性化发展和创新能力的培养，通过多元化的教学手段和内容设置，激发学生的学习兴趣和自主性，提高综合素质和创新能力。同时，高校思政教育也需要更加紧密地亲近实践和社会，将理论与实践相结合，促进学生的全面发展和社会参与。

在高校思政教育实践工作中，探索不断深化和创新。通过多种形式的教学实践和课程设置，学生能够更好地理解和运用思政教育的理论知识，提高自身综合素质和思维能力。在实践中，高校也需要不断探索适合各个学科和专业的思政教育模式，确保教育工作的有效开展和学生的全面发展。同时，高校还要加强教师队伍建设，培养更多有思政教育理论知识和实践经验的师资，提高教育质量和水平。

在高校思政教育实践的效果评估中，需要考虑多方面的指标来评价教育的成效和影响。实践效果评估指标不仅包括学生的学习成绩和知识水平，还应该关注学生的思想政治素养和综合素质发展。通过评估指标的确定和综合评价，可以更全面地了解教育工作的实际效果和问题，及时调整和改进工作方向，提高思政教育的实际效果和社会影响力。

实践效果评估方法是指对高校思政教育实践工作进行系统评价和分析的方法。评估方法包括定性和定量两种方式，主要包括问卷调查、访谈、观察记录、案例分析等。通过这些方法，可以全面了解高校思政教育实践的具体情况和效果，为进一步完善工作提供参考和指导。同时，评估方法还可以帮助高校发现存在的问题和不足，及时调整和改进教育实践工作，提高思政教育的实效性和针对性。评估方法的选择应根据具体情况和目的灵活运用，确保评估结果科学客观，为高校思政教育工作的持续发展提供有力支持。

实践效果评估方法是高校思政教育工作中至关重要的一环。通过评估方法的灵活运用，可以深入了解实践工作的具体情况和效果。问卷调查可以让我们获得大量学生和教师的意见和反馈，从而更好地了解他们对思政教育实践的认知和评价。访谈则可以直接与参与者进行沟通交流，深入挖掘他们的想法和体会。观察记录和案例分析则能够帮助我们观察实践活动的过程和结果，发现其中的亮点和不足。通过这些方法的综合运用，不仅可以全面评估思政教育实践工作的质量和效果，还可以及时发现问题并进行调整和改进。

评估方法的选择应该根据具体情况和目的进行灵活应用，以确保评估结果的科学客观性。只有科学客观地评估才能为高校思政教育工作的持续发展提供有力支持。在实践效果评估过程中，也要注重评价指标的设置和数据分析的准确性，确保评估结果的可靠性和实用性。通过不断完善实践效果评估方法，高校思政教育实践工作将能够不断提升效果，更好地服务于学生思想政治教育的发展。

在高校思政教育实践中，对于实践效果的评估是至关重要的。通过对实践效果的评估，可以全面了解思政教育工作的成效，为今后的工作提供参考和指导。实践效果评估主要包括对学生思想政治素质的提升情况、学生综合素质的发展情况以及学生思想政治表现的评价等方面进行评估。

实践效果评估结果分析是对评估结果进行深入分析和探讨，从多个角度对评估结果进行解读和总结。通过对实践效果评估结果的分析，可以更好地发现实践中存在的问题和不足，为下一步的改进和提升提供依据。

通过实践效果评估结果分析，可以发现学生在思想政治素质、综合素质和思想政治表现等方面存在的问题和不足。同时也可以发现学生在思政教育实践中取得的成绩和进步，为今后的工作提供启示和借鉴。通过对评估结果的深入分析，可以更好地指导高校思政教育实践工作，促进学生全面发展和提升。

通过实践效果评估结果分析，我们可以更全面地了解学生在思政教育实践中的表现。我们可以看到学生在思想政治素质方面的提升情况，是否有较好的发展态势；在综合素质的发展方面，学生是否有整体性的提升；在思想政治表现评价方面，学生是否能够展现出应有的政治态度和行为。通过对这些方面进行深入分析，我们可以更有针对性地制定今后的思政教育实践计划，为学生提供更好的教育指导。

在实践效果评估结果分析中，我们也可以发现一些潜在的问题和挑战。比如，学生在思想政治素质方面存在不足之处，需要加强引导和培养；在综合素质的发展中可能存在偏差或薄弱环节，需要有针对性地进行改进和加强；在思想政治表现上可能出现不理想的情况，需要进行及时的调整和引导。通过对这些问题进行分析和总结，我们可以更好地完善思政教育实践工作，提升学生的思想政治素质和综合素质。

因此，实践效果评估结果分析对于指导高校思政教育实践工作至关重要。只有通过深入分析评估结果，我们才能更好地发现问题、总结经验，并为今后的工作提供科学依据。通过不断地评估、分析和调整，我们可以不断提升思政教育实践的质量，促进学生全面发展和提高。让思政教育实践成为学生成长道路上的重要支撑，引领他们走向光明的未来。

高校思政教育实践的效果评估是评价思政教育工作是否取得预期效果的重要途径。通过对高校思政教育实践的效果评估，可以及时发现工作中存在的问题和不足，并提出改进策略，进一步提升思政教育的实效性和针对性。针对实践效果不佳的问题，需要研究相关数据和情况，分析问题产生的原因，制定有效的改进策略。实践效果的改进策略包括完善思政教育工作的制度体系，优化教育资源配置，提升教育教学质量，创新教育教学方式方法，加强师资队伍建设，激发学生的学习兴趣和动力，引导学生树立正确的人生观和价值观，营造浓厚的思政教育氛围，全面促进学生成长成才。只有将实践效果的改进策略贯穿到思政教育工作的全过程，才能真正实现高校思政教育的目标和使命，为培养德智体美全面发展的社会主义建设者和接班人做出积极贡献。

实践效果改进策略是高校思政教育工作中至关重要的一环。在实践的过程中，我们需要不断总结经验，发现问题，并及时采取有效的措施加以改进。一方面，我们需要加强对思政教育工作的监督和评估，建立科学的评估体系，通过数据和情况的分析，找出问题的症结所在，为改进提供依据。另一方面，我们还要完善思政教育的制度体系，优化资源配置，提升教学质量，创新教学方式方法，构建师资队伍，激励学生的学习兴趣和动力，引导他们形成正确的人生观和价值观。同时，营造浓厚的思政教育氛围，全面促进学生成长成才的目标。只有不断改进实践效果，始终把学生成长成才作为根本任务，思政教育才能真正发挥作用，为社会主义建设者和接班人的培养做出更大的贡献。通过持续的努力和创新，我们相信高校思政教育一定会走上更加健康、稳步的发展之路，培养出更多德智体美全面发展的优秀人才，为国家和社会的进步贡献力量。

五、高校思政教育实践工作的机制建设

高校思政教育实践工作的机制建设是当前高校思政教育深化发展的重要方面，通过建立健全的实践工作管理体系，能够有效提高思政教育的实效性和针对性。实践工作管理体系包括机构设置、人员配置、工作流程、考核评估等方面，通过科学合理的规范和机制，确保高校思政教育实践工作的有序开展和可持续发展。同时，实践工作管理体系还能够为高校思政教育的长远发展提供坚实的基础和保障，推动高校思政教育工作不断深入，促进学生全面发展和健康成长。

高校思政教育实践工作的机制建设，是高校思政教育深化发展的关键环节。建立健全的实践工作管理体系，在推动思政教育实效性和针对性方面发挥着重要作用。实践工作管理体系的确立不仅涉及到机构设置、人员配置、工作流程和考核评估等方面的规范，更重要的是通过科学合理的手段确保高校思政教育实践工作的有序推进和可持续发展。

在实践工作管理体系的支持下，高校的思政教育工作能够更好地服务于学生的全面发展和健康成长。通过合理设置机构和配置人员，使得实践工作更高效、更有针对性。规范的工作流程和严格的考核评估机制，有效促进了高校思政教育实践工作的质量和水平提升，确保了其长远发展的持续性。

实践工作管理体系的建立，不仅为高校思政教育工作提供了稳固的基础，也为高校思政教育的长远发展提供了有力保障。它的存在和运行，不仅推动了高校思政教育工作的深入开展，还为高校在培养学生成人过程中的教育目标提供了有力支持和保障保证。因此，实践工作管理体系的建设至关重要，是高校思政教育实践工作取得成功的关键因素之一。

通过对实践工作资源配置的深入研究和探索，可以更好地优化高校思政教育实践工作的效果和成果，实现资源的合理利用与有效整合。实践工作资源配置是指在进行思政教育实践活动时，根据具体的需求和条件，科学合理地调配

和配置各种资源，以达到最佳的教育效果和社会效益。这种资源配置工作不仅包括物质资源的合理利用，还包括人力、财力、信息等方面的合理配置，以满足思政教育实践工作的需求和目标。为了更好地推动高校思政教育实践工作的开展和发展，需要不断探索和完善资源配置的机制和模式，确保资源的有效利用和最大化价值的实现。

在高校思政教育实践工作中，实践工作资源配置是至关重要的一环。只有通过科学的调配和合理的配置各种资源，才能最大程度地提升教育效果和社会效益。在实践工作资源配置中，物质资源的合理利用是基础，需要确保设施设备齐全、场地安全。人力资源也至关重要，需要合理分工、人员配备到位，确保实践活动的顺利进行。同时，财力资源也不可忽视，要合理安排资金预算、做好财务管理工作，确保实践活动的经济可持续性。信息资源的合理配置也是必不可少的，要建立信息系统、加强数据管理，保障信息传递和共享的顺畅性。

为了推动高校思政教育实践工作的开展，需要不断完善资源配置的机制和模式。可以建立资源配置专门机构，负责资源的统筹规划和协调管理；也可以建立跨部门合作机制，实现资源共享和互补；同时，可以加强与社会企业的合作，引入外部资源，扩大资源供给渠道。在资源配置的过程中，要注重效率和效益的平衡，遵循市场规律，实现资源的最优配置和最大化利用。

总的来说，实践工作资源配置是高校思政教育实践活动中的关键环节。只有不断探索和完善资源配置的机制和模式，才能实现资源的合理利用和有效整合，推动高校思政教育实践工作的蓬勃发展。希望通过对实践工作资源配置的不懈努力和探索，高校思政教育实践工作能够迈向更加美好的未来。

高校思政教育实践工作的机制建设是高校思政教育的重要保障和支撑，通过建立健全的管理体系和运行机制，确保思政教育工作能够有序开展。在实践工作中，高校积极倡导“德育为先、示范引领、全员参与、全程育人”的理念，不断完善评价考核机制，推进思政教育工作的深入开展。同时，高校还加强与社会各界的沟通与合作，建立起广泛而深入的互动机制，将社会资源融入到思政教育中，不断丰富教育内容，提高教育质量。

在实践工作成果分享中，高校注重对教育成果的总结和展示。通过举办各种形式的成果展示活动，如大型演讲比赛、专题论坛等，展示学生在思政教育中所取得的成果和进步，激励更多学生积极参与到思政教育中来。同时，高校还积极探索教育资源共享与交流机制，与其他高校开展合作交流，借鉴其成功经验，推动思政教育的不断发展与创新。通过分享实践工作成果，高校将不断完善教育体系，提升教育水平，实现高校思政教育的真正效果和价值。

在实践工作成果分享中，高校还注重培养学生的综合素质和创新能力。通过设置各类实践任务和项目，激发学生的创新潜力，培养学生的团队合作能力和领导力。高校还鼓励学生参与社会实践活动，开拓视野，增强社会责任感，并将其所学知识与实践相结合，提升学生的社会适应能力。

同时，高校积极引入先进的教育理念和方法，不断探索适合时代发展需求的思政教育体系。通过开设多样化的课程和活动，引导学生树立正确的人生观和价值观，培养他们的社会责任感和全球视野。高校还积极倡导师生共建共享的教育模式，建立起互相尊重、平等交流的教育氛围，促进师生之间良好关系的形成。

除此之外，高校还注重对学生进行个性化辅导和指导，关注每个学生的成长和发展。通过制定个性化的教育计划和指导方案，帮助学生发现自己的优势和不足，引导他们进行自我调整和提升。高校还鼓励学生参与各类实践活动和比赛，锻炼他们的实践能力和竞争意识，培养他们的自信心和坚韧性格。

总的来说，高校在实践工作成果分享中，不仅关注教育成果的展示，更重视学生综合素质的培养和发展。通过综合性教育措施的实施，高校不断提升教育质量，全面推进思政教育工作，为学生成长成才提供更加全面的支持和保障。

第三节　高校思政教育的特色与特点

一、高校思政教育的特色

高校思政教育作为一项重要的教育工作，在大学教育中扮演着重要的角色。高校思政教育理论的研究不仅关乎教育的指导思想和方向，也关系到学生的全面发展和社会的进步。通过对高校思政教育理论的研究，可以更好地指导高校的教育实践，促进学生的思想道德素质和综合素养的提升。

在高校思政教育理论的发展方向中，需要着重关注当代大学生的特点和需求，注重培养学生的创新精神、责任意识和社会担当，构建符合时代特点和学生实际的教育理念和方法。同时，还要关注国家发展和社会进步的需要，积极探索适应社会主义核心价值观的教育路径，助力高校思政教育在实践中发挥更大的作用。

高校思政教育实践工作探索是高校思政教育理论研究的重要内容之一，实践是检验理论的最好方式。通过实践工作的探索，可以不断完善高校思政教育的实践路径和方法，推动高校思政教育工作取得更好的效果。同时，也可以为高校思政教育的机制建设提供有力支持，构建高效可持续的思政教育工作体系。

高校思政教育的特色与特点体现在多方面，既包括传统教育的精神内涵，也包括现代教育的时代特色。高校思政教育既要延续我国优秀的传统文化，又要跟上时代步伐，注重培养学生的现代素质和国际视野，使其具备全面发展的基础和能力。

总的来说，高校思政教育的研究和实践工作是一项长期而复杂的任务，需要各方共同努力，不断探索创新。只有不断深化理论研究，扩大实践探索，加强机制建设，才能助力高校思政教育不断前行，为培养德智体美劳全面发展的社会主义建设者和接班人做出应有的贡献。

在高校思政教育的研究和实践中，需要不断突破传统的思维定式，挖掘教育的深层次内涵，为培养学生全面发展提供更加有力的支持。在推动高校思政教育工作取得更好效果的同时，也要注重提高教育的针对性和实效性，使学生在学习过程中真正受益和成长。

高校思政教育的特色和特点需要在实践中不断体现和完善，同时还需要与时俱进，引入新的理念和方法，以适应当代学生的需求和发展趋势。只有不断拓宽教育视野，提升教育质量，才能使高校思政教育真正发挥其育人作用，培养出更多符合社会需求的人才。

在高校思政教育的机制建设方面，应该加强规章制度的建设，建立健全的评估机制和激励机制，促进教育教学质量的提升。同时，也需要充分发挥师生自主管理和参与的积极性，打造一个和谐、民主、开放的教育环境，为高效可持续的思政教育工作体系提供支撑。

总的来说，高校思政教育的发展离不开全社会的关注和支持，在不断探索中不断完善，才能更好地适应时代潮流，为社会主义建设者和接班人的培养贡献力量。高校思政教育的道路虽然充满挑战，但只要坚定信念，积极探索，便能走出一条适合中国国情的教育道路，引领学生走向光明的未来。

高校思政教育的特色与特点，在实践探索中独具特色。高校思政教育理论的基本概念和内涵体现了其深厚的理论内涵和全面的教育目标，致力于培养学生的思想道德素质和创新能力，是一项全方位的教育工作。高校思政教育理论的发展方向是不断与时俱进，紧跟社会发展的步伐，为实现人才培养目标提供理论指导。

高校思政教育实践工作的探索是基于对学生个体成长和社会发展需求的深刻理解和洞察，通过各种形式的教学活动和实践项目，促进学生全面发展。高校思政教育实践工作的机制建设是为了确保教育教学工作的顺利进行，为学生提供良好的学习环境和学习条件，为学生全面发展创造条件。

高校思政教育的特色是注重学术研究和实践相结合，通过专业化的教学团队和科学化的教学管理，培养学生的综合素质和创新精神。高校思政教育的特点是在实践中不断探索和总结经验，不断完善教育机制，提高教育质量，为培养国家需要的高素质人才贡献力量。

高校思政教育实践工作的探索不仅仅停留在理论层面，更体现在实际行动中。教育工作者们积极探索各种有效的教学方法和实践项目，努力激发学生的学习热情和自主学习能力。在教育教学过程中，注重培养学生的批判性思维和创新能力，鼓励他们勇于思考，勇于实践。

高校思政教育实践工作的机制建设也是不断完善和创新的过程。学校不断完善管理体制，建立健全教育质量评估机制，确保教学工作的高效进行。同时，学校也积极打造良好的学习环境，提供丰富多样的学习资源，为学生提供全方位的支持。

高校思政教育的特色还在于强调实践与研究的结合。教师们不断深入教学实践，积极探索创新的教学方法，注重将学术研究成果与教学实践相结合，为学生成长成才提供更好的保障。

高校思政教育的特点是在实践中不断突破自身局限，勇于尝试新的教育模式，积极推动教学改革和教育创新。教育工作者们通过不断总结经验，不断反思实践中的不足，不断提高教育教学质量，为培养社会所需的优秀人才而不懈努力。高校思政教育将继续与时俱进，不断探索前行，为高等教育事业的发展贡献自己的力量。

创新发展是高校思政教育的重要方向。通过不断探索和实践，高校思政教育可以不断提升质量和水平，更好地适应时代发展的需求。创新发展可以促进高校思政教育的理论体系完善和实践工作的深化，为培养德智体美劳全面发展的社会主义建设者和接班人提供更好的保障和支持。通过创新发展，高校思政教育可以更好地发挥其独特作用，为学生提供更加全面、系统的思想政治教育，推动学生成长成才。创新发展不仅是高校思政教育的内在要求，也是适应时代发展、推动社会进步的必然选择。在不断探索中，高校思政教育将不断创造出新的发展模式和新的教育理念，不断推动社会主义核心价值观的传播和实践。高校思政教育的创新发展将有力推动人才培养工作的深入开展，为建设社会主义现代化国家和实现中华民族伟大复兴的中国梦做出积极贡献。

创新发展是高校思政教育不可或缺的重要内容，它不仅可以不断提升质量和水平，更能够更好地适应时代发展的需求。通过创新发展，高校思政教育将不断完善自身的理论体系，深化实践工作，并为培养德智体美劳全面发展的社会主义建设者和接班人提供更好的保障和支持。创新发展让高校思政教育更好地发挥其独特作用，为学生提供更加全面、系统的思想政治教育，推动他们茁壮成长。

在不断探索中，高校思政教育将不断创造出新的发展模式和教育理念，促进社会主义核心价值观的传播和实践。这种创新发展不仅是高校思政教育的内在要求，更是适应时代发展、推动社会进步的必然选择。高校思政教育的创新发展将有力推动人才培养工作的深入开展，为建设社会主义现代化国家和实现中华民族伟大复兴的中国梦做出积极贡献。通过持续不断的创新，高校思政教育将更加紧密地与时代同频共振，为推动教育事业的发展和社会的进步贡献自己的力量。 创新发展是不断进步的动力源泉，带领我们走向更加光明的未来。

二、高校思政教育的特点

高校思政教育的特色与特点在于其强调对学生全面发展的关注和培养，旨在使学生在道德、智力、体质等方面得到全面提升。高校思政教育旨在引导学生独立思考，培养学生的创新能力和综合素质。高校思政教育的特点是注重学生的主体性和参与性，通过多样化的教学方法和活动形式，使学生能够积极参与其中，从而更好地接受和实践所学知识和观念。高校思政教育的多元化体现在对世界各种文化、思想和价值体系的尊重和包容，致力于培养既有国际视野又有本土情怀的优秀人才。高校思政教育通过不断开展各种形式的教学实践活动，使学生成为有独立思考能力和社会责任感的公民。多元化的教学方法和活动形式使学生能够在不同的情境中进行思考和交流，培养学生的创新思维和团队合作精神。高校思政教育的多元化努力使学生在接受教育的过程中，不仅能够学习到知识和技能，更能够得到全面发展和成长。

高校思政教育作为一项具有重要意义的教育任务，其理论体系的构建与发展是当前教育领域亟待关注的问题。思政教育理论的基本概念与内涵包括对学生进行的价值观引导、思想道德品质培养以及社会责任意识的培养等方面。高校思政教育理论的发展方向需要紧密结合时代特点和教育需求，注重培养学生的创新意识、实践能力和社会责任感。

在高校思政教育实践工作探索过程中，学校需要不断改进教育方式，加强教师队伍建设，注重实践教学环节，培养学生的创新精神和综合素质。同时，高校思政教育实践工作的机制建设也需不断完善，建立健全的评估体系和激励机制，以激发学生的学习动力。

高校思政教育的特色与特点体现在其注重学生全面发展，积极引导学生树立正确的人生观、世界观和价值观。高校思政教育的整合性体现在将思想政治教育融入到教学、科研、文化建设等各个方面，实现全方位的教育目标。通过不懈的努力和探索，高校思政教育必将成为培养德智体美劳全面发展的社会主义建设者和接班人的重要途径。

高校思政教育的整合性不仅体现在学校内部的各项工作中，也需要与时代特点和教育需求相结合。随着社会的不断发展和进步，高校思政教育也面临着新的挑战和机遇。在这个时代背景下，高校需要注重培养学生的创新意识、实践能力和社会责任感，使他们能够适应社会的需要，为国家和社会的发展贡献自己的力量。

为了实现这一目标，高校可以通过开设创新创业课程，组织创业实践活动，引导学生在实践中不断探索和实践，培养他们的创新精神和实践能力。同时，高校还可以通过开展社会实践活动，让学生走出校园，深入社会，增强他们的社会责任感和使命感。

除此之外，高校还可以通过加强学生思想政治教育，引导他们树立正确的人生观、世界观和价值观，培养他们的社会责任感和公民意识。高校可以通过丰富多彩的思政教育活动，激发学生的学习兴趣，增强他们的文化底蕴和人文素养。

高校思政教育的整合性不仅在于其内部的教育体系和工作机制，更需要与时代特点和教育需求相结合，重点培养学生的创新意识、实践能力和社会责任感。只有这样，高校思政教育才能真正发挥作用，成为培养德智体美劳全面发展的社会主义建设者和接班人的重要途径。

在实践工作中，高校思政教育的特色与特点应当充分体现个性化的特质，因为每个学生都是独一无二的个体，需要针对其不同的背景、需求和特点来进行个性化的引导和教育。而高校思政教育实践工作的机制建设则是确保个性化教育能够得到有效实施的重要保障，只有建立起科学合理的机制体系，才能真正做到因材施教、因人施策。

个性化教育在高校思政教育中的重要性无法忽视。每位学生都是独一无二的个体，拥有不同的背景、需求和特点。因此，高校思政教育应该以个性化为核心，为学生提供个性化的引导和教育，使他们在成长过程中得到最适合自己发展的支持和指导。个性化教育不仅能够更好地满足学生的需求，更能够激发他们的潜能，促进其全面发展。

为了确保个性化教育的有效实施，高校思政教育实践工作的机制建设至关重要。建立科学合理的机制体系可以帮助学校更好地了解学生的个性特点和需求，制定相应的教育计划和引导措施。通过实施个性化教育机制，使每位学生都能够得到个性化的关注和支持，从而更好地发展自己的优势，克服自身的不足，为未来的发展打下坚实的基础。

在今天这个社会快速发展、信息爆炸的时代，高校思政教育不能停留在过去的传统模式上，应当与时俱进，不断探索创新，适应不断变化的社会需求。个性化教育不仅仅是对学生的关爱和支持，更是高校教育体系的转型升级，是高校思政教育与社会实践相结合的重要体现。只有不断深化和完善个性化教育，才能更好地培养出德智体美劳全面发展的社会主义建设者和接班人，为国家和社会的发展贡献自己的力量。

高校思政教育理论体系是高校教育的重要组成部分，是培养学生思想政治素质和全面发展的重要途径。高校思政教育理论的基本概念和内涵是贯彻党的教育方针，培养德智体美劳全面发展的社会主义建设者和接班人。高校思政教育理论的发展方向是根据时代特点和教育要求，不断探索创新，推动思政教育工作不断提高。高校思政教育实践工作探索是立足实际，不断尝试和总结经验，为高校思政教育的深化提供理论支撑和实践指导。高校思政教育实践工作的机制建设是建立健全的管理体制和教育体系，确保思政教育任务的顺利开展。高校思政教育的特色与特点是将马克思主义基本原理与中国特色社会主义理论相结合，为学生提供全面发展的教育环境和思想引导。开放性意味着高校思政教育要开放包容、多元发展，推动学生自主学习和积极参与社会建设。

第四节　高校思政教育的成功经验与启示

一、高校思政教育的经验总结

在高校思政教育的实践工作中，成功案例分析起着重要的作用。通过对成功案例的深入研究和分析，我们可以发现其中的成功经验和启示，从而更好地指导和推动高校思政教育工作的发展。成功案例不仅仅是单一事件的成功，更是整个高校思政教育工作的有效实践和成果。成功案例的背后往往蕴含着宝贵的经验和教训，可以为其他高校提供借鉴和参考。

通过对成功案例的分析，我们可以看到高校思政教育工作中的特色和特点。这些成功案例展示了高校在开展思政教育工作中所形成的独特经验和优势，如注重学生核心素养的培养、激发学生的创新意识和实践能力等。这些特色和特点不仅带动了高校思政教育工作的深入发展，也为其他高校提供了宝贵的经验和启示。

成功案例分析也有助于总结高校思政教育工作的经验和教训。通过对成功案例的研究和总结，我们可以找出其中的成功因素和不足之处，进一步完善和提升高校思政教育工作。成功案例的总结不仅可以为高校思政教育工作提供指导，也可以为学术界提供研究和借鉴的参考。

总的来说，成功案例分析是高校思政教育工作中不可或缺的一环。通过对成功案例的深入研究和分析，我们可以发现其中的成功经验和启示，不断完善和提升高校思政教育工作，促进高校思政教育理论体系的不断发展与完善。

成功案例分析是高校思政教育工作中的重要环节，不仅可以帮助我们发现成功经验和启示，还能够促进高校思政教育工作的不断完善和提升。成功案例分析的过程中，我们可以学习到各种成功因素和方法，从而汲取经验，指导实践。同时，通过对成功案例的总结，我们也能够发现其中存在的不足之处，加以改进和提高，推动思政教育工作向更高水平迈进。

在进行成功案例分析的过程中，我们还能够发现高校思政教育工作中的问题和挑战，及时制定相应的解决方案，进一步提升思政教育工作的有效性和实效性。通过不断地总结案例，我们可以不断反思自身的教育观念和方法，不断完善和调整教育工作的方向和内容，使之更加符合学生的成长需求和社会的发展要求。

成功案例分析也为其他高校提供了宝贵的经验和启示。通过借鉴和学习成功案例，其他高校可以发掘出适合自身情况的教育方法和策略，提升自身教育工作的水平和质量。成功案例分析不仅促进了高校思政教育工作的深入发展，也为整个教育领域提供了宝贵的经验和借鉴。希望各高校在思政教育工作中能够积极开展成功案例分析，不断推动教育事业的发展与进步。

高校思政教育的成功经验与启示，经验总结，教训与反思是我们不可忽视的重要部分。在高校思政教育实践工作中，我们应当总结成功的经验，汲取其中的启示，同时也要反思和吸取教训。只有这样，我们才能不断提升高校思政教育的质量和水平，实现高校思政教育的目标和使命。

通过高校思政教育的实践，我们发现，成功的经验往往源自于对学生个体差异的尊重和理解，关注学生的身心健康，引导他们正确认知自己，树立正确的人生观和世界观。同时，高校思政教育要与时俱进，不断更新教育理念和方法，使之符合当代大学生的成长需求。还有，高校思政教育需要深化与学科教育的融合，在学科教学中渗透思政教育的内容，培养学生的人文素养和思想品质。

然而，我们也要认识到，在高校思政教育实践中，还存在一些值得反思的问题和教训。比如，有些思政教育工作者重视形式而忽略内涵，只注重灌输而不注重启发学生的思考能力，导致教育效果不佳；还有些思政教育工作不够系统和连续，缺乏长期规划和领导支持，难以形成有效的教育机制。

因此，我们要深刻反思这些问题，吸取教训，加强高校思政教育的理论研究和实践探索，建立健全的教育机制，培养更多具有爱国主义、集体主义和社会主义核心价值观的优秀人才，为实现中华民族伟大复兴的中国梦贡献力量。愿我们在高校思政教育的征程中不忘初心，牢记使命，坚定前行。

高校思政教育的成功经验与启示是我们不断追求的目标。在过去的实践中，我们发现，通过构建一个系统完善的思政教育体系，提高教育教学质量，加强学生思想政治教育，促进全面发展，是一条行之有效的路径。通过实践，我们也深刻领悟到，高校思政教育要注重实际问题，贴近学生身心需求，注重实效性和实践性。同时，积极发挥师资力量，优化资源配置，提升教师的教学水平和思政教育水平，也是取得成果的重要保障。

在高校思政教育的成功实践中，更深刻的启示是：实践永远是检验真理的唯一标准，只有不断实践、探索，才能不断提升思政教育的质量和水平。我们需要结合实际，加强对学生思想政治教育的理论研究，不断深化思政教育的内涵，增强思政教育的针对性和有效性。同时，要不断挖掘高校思政教育的特点和优势，探索创新思政教育的工作模式和方法，使之更好地适应当代大学生的成长需要。

在分享高校思政教育的成功经验时，我们要善于借鉴他人之长，汲取他人之智。通过交流学习，可以不断完善自身的思政教育体系，提高教育质量，为培养德智体美劳全面发展的社会主义建设者和接班人做出积极贡献。在成功经验分享中，我们要坚持以人为本，关注学生的全面发展，强化人文关怀，不断满足学生的精神需求，促进学生成长成才。

在分享高校思政教育的成功经验时，我们还需要重视教师队伍建设，培养一支高素质的思政教育师资队伍，让教师真正成为学生的引路人和榜样。我们也应该注重课程建设，设计符合学生需求和时代特点的思政教育课程，增强思政教育的吸引力和有效性。同时，要注重实践教育，通过社会实践、志愿服务等形式，让学生深入了解社会、增长见识、增强社会责任感。

要注重学生的自主参与，激发学生的学习兴趣和积极性，让他们在思政教育中体验到成长的喜悦和成就感。同时，还要注重家校合作，加强学校与家庭的沟通和合作，共同关注学生的成长，形成良好的教育合力。

要不断总结经验，不断改进完善思政教育工作，让每一位学生都能在思政教育中受益，成为具有社会责任感和创新精神的优秀人才。只有这样，才能真正实现思政教育的使命和目标，为建设社会主义现代化国家贡献力量。愿我们共同努力，让思政教育事业蒸蒸日上，为祖国的明天培养更多有用之才。

高校思政教育是培养德智体美劳全面发展的社会主义建设者和接班人的重要途径，是高校教育的重要组成部分。随着社会的不断进步和发展，高校思政教育也面临着新的挑战和机遇。未来，高校思政教育应秉承社会主义核心价值观，深化思政教育的内涵，加强思政教育的实践环节，倡导德智体美劳全面发展的教育理念，促进学生全面发展。同时，高校思政教育要充分发挥媒体的作用，利用现代科技手段，扩大思政教育的覆盖面，提高思政教育的针对性和实效性，推动高校思政教育与时俱进。展望未来，高校思政教育将不断创新体制机制，不断完善教育规划，确保思政教育工作始终走在时代前沿，为培养社会主义建设者和接班人做出更大贡献。

高校思政教育作为培养德智体美劳全面发展的社会主义建设者和接班人的重要途径，承担着重要使命。随着社会的不断发展，高校思政教育必须不断适应时代的需求，积极探索新的路径和方法。在未来发展中，高校思政教育应当注重培养学生的创新意识和实践能力，引导学生健康发展，树立正确的人生观和价值观。同时，在加强思政教育的实践环节方面，可以通过组织各种形式的社会实践活动，加强学生与社会的联系，使思政教育更加贴近实际并富有针对性。高校思政教育还应借助现代科技手段，拓展教育渠道，提升教育的全面性和实效性。通过搭建线上平台，加强网络教育，促进学生对核心价值观的深入理解和实践，培养更多有社会责任感和创新精神的学生。展望未来，高校思政教育需要加强与各行各业的合作，借鉴国际先进经验，不断完善教育机制，促进高校思政教育工作不断前进，为国家培养更多德智体美劳全面发展的接班人。只有不断创新和完善，高校思政教育才能在时代发展的浪潮中乘风破浪，为社会主义建设事业贡献更大的力量。

二、高校思政教育的创新实践

在高校思政教育实践工作中，不仅仅是传授知识和技能，更需要注重塑造学生的思想品德和社会责任感。通过开展各种形式的教育活动，如思想政治理论课程、社会实践、志愿服务等，让学生深刻理解中国特色社会主义核心价值观，培养自信、自立、自律、自强的优秀品质。

高校思政教育不仅仅停留在传统的课堂教学模式上，更要不断创新教育手段，积极拓展教育领域。通过引入新的教学资源和技术，如网络教育、移动教育等，使思政教育更具针对性和有效性。同时，结合学生的特点和需求，开展形式多样、内容丰富的教育活动，激发学生的学习兴趣和积极性。

高校思政教育的特色在于注重“德育为先、教育为先”的理念，倡导以人为本、全面发展的教育思想。在传授知识的同时，更要注重培养学生正确的人生观、价值观和世界观，引导学生树立正确的人生目标和价值取向。

总的来说，高校思政教育理论与工作探索不仅是一项重要的教育任务，更是对学生综合素质的培养和提升。通过不断创新与实践，高校思政教育将更好地适应社会发展的需要，为培养德智体美劳全面发展的社会主义建设者和接班人做出积极贡献。

在实践中，高校思政教育需要不断探索创新。通过引入新的教学资源和技术，如网络教育、移动教育等，将思政教育更加贴近学生生活，激发学生的学习兴趣。同时，不断开展形式多样、内容丰富的教育活动，培养学生的创新能力和实践能力。高校思政教育还应注重学生个性化需求，设计个性化教学方案，引导学生树立正确的人生观和价值观。

高校思政教育的理念在于以“德育为先、教育为先”为核心，追求学生全面发展，并关注学生成长环境的塑造，引导学生树立正确的人生目标和价值取向。

在未来，高校思政教育需要不断改革和完善，适应现代社会发展的需要。通过全社会力量的参与和支持，加强师生互动，促进思政教育改革的落地生根。高校思政教育将不断探索创新，为培养德智体美劳全面发展的社会主义建设者和接班人做出更大的贡献。

在高校思政教育工作中，为了提高学生的思想道德素质和创新能力，我们需要采取一些创新的方法。我们可以通过开展多种形式的主题教育活动，例如在校园内组织主题演讲、座谈会和文化沙龙等活动，以引领学生思想，激发他们的创新意识。我们可以借助数字化技术，建立在线学习平台，提供个性化的思政教育课程和资源，帮助学生更好地理解和接受思政教育内容。我们还可以通过开展社会实践和志愿者服务活动，让学生亲身参与到社会实践中，增强他们的社会责任感和使命感。我们可以鼓励学生参加学术研究和创新项目，提供资源和支持，培养他们的独立思考能力和创新能力。我们相信，通过这些创新方法的引导和培养，高校思政教育工作将迎来更加美好的发展前景。

为了进一步促进学生的思想道德素质和创新能力的发展，我们可以采取更多的创新方法。学校可以设立思想政治实践基地，提供学生参与社会实践的平台，让他们深入社会，感受社会的脉搏，培养他们的实践能力和社会责任感。可以引入跨学科的教学模式，让不同专业的学生进行跨界合作，促进思维的碰撞和创新的火花。倡导开展学术交流活动，邀请专家学者来校进行学术讲座和交流，拓宽学生的学术视野，激发他们的求知欲望。还可以建立学生创新创业基地，提供资源支持和指导，激发学生自主探索和实践创新理念，培养他们的创业精神和创新能力。通过这些创新方法的引导和实践，相信学校思政教育工作将更加富有成效，学生的综合素质也将得到全面提升，为社会培养更多优秀人才做出积极贡献。

三、高校思政教育的社会影响

高校思政教育的社会影响是深远的，它不仅仅是对学生个人的影响，更是对整个社会的影响。思政教育的实践工作不仅仅在校园内进行，更是延伸到社会各个领域。通过高校思政教育，可以培养出更多具有社会责任感和公民意识的优秀人才，他们将成为社会进步和发展的推动力量。同时，高校思政教育也可以促进国家的文明进步和精神文明的建设，为社会营造和谐、稳定、进步的氛围。

社会评价与认可是高校思政教育的重要衡量标准，只有获得社会的认可和支持，高校思政教育才能真正发挥其作用。通过社会评价，可以了解高校思政教育在社会大众中的声誉和影响力，也可以为高校思政教育的改进提供参考意见和建议。社会认可意味着高校思政教育得到了社会各界的认可和肯定，它在思想引领、人才培养、社会服务等方面都获得了肯定和好评。社会评价与认可的重要性不言而喻，只有得到了社会的认可，高校思政教育的发展才能蒸蒸日上，赢得更广泛的支持和拥护。

高校思政教育的社会影响不可忽视，其通过培养学生的思想性、道德性和文化素养，促进学生全面发展，进而为社会培养高素质人才，为建设社会主义现代化国家做出积极贡献。高校思政教育的成功经验和启示也在不断拓展和深化，不仅为高校教育体制改革提供了有益经验，更为社会教育体系创新发展提供了有益借鉴。

在高校思政教育的过程中，社会贡献和责任意识的培养显得尤为重要。教师们应牢记肩负的社会责任和历史使命，将社会主义核心价值观融入到教学中，引导学生积极实践，增强责任意识。同时，高校也应积极参与社会服务和公益事业，与社会各界携手合作，共同推动教育事业的改革和发展，为构建和谐社会、建设美好中国贡献自己的力量。

高校思政教育的社会影响不仅体现在学生个体层面的成长和发展，更体现在社会整体层面的进步与发展。唯有不断创新高校思政教育的理论与实践，促进学生成为品德高尚、知识渊博、责任感强烈的社会栋梁，才能真正实现教育事业的社会价值和使命，为构建更加美好的社会做出更大的贡献。

高校思政教育的社会合作与交流对于提高教育质量和培养优秀人才起着重要作用。在与社会各界的合作中，高校可以借鉴先进的教育理念和方法，不断完善和创新思政教育体系。同时，积极开展交流与合作，可以促进学术交流，推动高校思政教育理论的研究与探索。高校与社会各界的合作，不仅可以促进资源共享，提升教育教学水平，还有助于培养学生的社会责任感和团队合作精神。通过加强社会合作与交流，可以为高校思政教育的发展提供更多的有益借鉴和支持，推动高校思政教育实践工作不断向更高水平迈进。

高校思政教育的社会合作与交流是推动高校教育事业发展的重要支撑。通过与社会各界的合作，高校可以不断拓展教育资源，注入新鲜血液，促进教学内容的更新和精进。在交流与合作的过程中，高校可以汲取各方优秀的教育理念和实践经验，借鉴先进的教学方法和教育技术，提升教学质量和创新能力。积极开展学术交流，促进学术研究成果的分享和交流，有利于推动高校思政教育理论的不断深化和完善。

社会合作与交流还有助于培养学生的社会责任感和团队合作精神。在与社会各界的合作中，学生可以接触到不同行业和领域的实践经验，增强自身的综合素养和社会适应能力。通过与社会资源的互动和融合，学生可以了解社会的多样性和复杂性，培养出胸怀开阔、团队协作能力强的综合性人才。

加强社会合作与交流，有助于提升高校思政教育的影响力和竞争力。在社会各界的支持下，高校可以更好地开展思政教育工作，推动教育教学模式的创新和转型，实现高校思政教育工作的可持续发展。通过与社会各方的互动和共建，高校思政教育可以更好地适应时代的发展需要，培养出更多具有国际视野和社会责任感的优秀人才，为国家和社会的进步做出更大的贡献。

高校思政教育作为一种特殊的教育形式，在高校教育中扮演着至关重要的角色。高校思政教育的实践工作不仅涉及到学生们的思想觉悟和道德素养的培养，更应该关注到他们的社会责任感和公民意识的塑造。通过对高校思政教育的深入探索和实践，可以促进学生成长成才，使他们具备良好的思想道德素养和社会责任感，从而为社会的进步与发展做出积极的贡献。

社会发展与进步是一个永恒的主题，而高校思政教育的实践工作正是与这个主题息息相关的。通过开展形式多样、内容丰富的思政教育活动，可以帮助学生树立正确的世界观、人生观和价值观，增强他们的社会责任感和使命感，从而引领他们朝着积极向上的方向发展。高校思政教育还应该注重引导学生培养创新精神和实践能力，激发他们的社会创造力和创新能力，促进社会经济的发展和进步。

高校思政教育的成功经验可以为社会提供有益的启示。通过高校思政教育的实践探索，可以发现并总结出一些成功的经验，这些经验包括培养学生的思想品德、引导学生的社会责任感、激发学生的创新精神等方面。这些成功经验的总结和分享可以为其他高校提供借鉴和参考，促进高校思政教育工作的不断改进和提高，推动社会教育事业的全面发展。

总的来看，高校思政教育不仅是高校教育的重要组成部分，更是推动社会发展与进步的重要力量。通过不断探索和实践，高校可以不断丰富和完善思政教育内容和形式，培养更多立德树人、有担当有情怀的优秀人才，为社会的稳定与和谐、进步与发展做出更大的贡献。

高校思政教育的目标是培养德智体美劳全面发展的社会主义建设者和接班人，并不断深化学生的思想道德素养和社会责任感。高校思政教育理论体系的构建与发展不仅关乎学生个人成长，也涉及到整个社会的发展。高校在实践中不断探索，建立起一套独具特色的思政教育体系，为学生成长提供了丰富而有力的支持。

高校思政教育实践工作的机制建设至关重要，只有建立起科学有效的机制，才能更好地促进学生的全面发展。高校在此方面进行了积极探索，不断完善教育机制和管理体制，为学生提供更好的教育环境和服务。

高校思政教育的成功经验与启示，不仅可以为其他高校提供借鉴，也对整个社会的发展起到积极的推动作用。高校在思政教育方面的努力和成就，必将在社会上产生积极的影响，促进社会共赢与共享的实现，推动社会的和谐发展。

高校思政教育的深化与发展，不仅仅是教育机构的责任，更是整个社会共同关注的重要议题。通过思政教育，学生的思想道德素养得到加强，社会责任感得到培养，他们将成为未来社会建设的中坚力量。高校在实践中持续不断地完善教育体系，建立起培养社会主义建设者和接班人的长效机制。

高校思政教育的关键在于引导学生树立正确的人生观、价值观，培养他们积极向上的态度和奉献精神。只有通过思政教育的努力，才能实现学生全面发展的目标，更好地适应社会的需求和发展。高校在这方面的成功经验值得借鉴，不断积累并传承下去，为推动社会共赢共享的目标贡献力量。

在高校思政教育的实践中，机制建设的完善是至关重要的环节。高校需要建立起科学合理的机制，将教育资源、优质师资、创新教育方式有机结合起来，为学生成长提供良好的成长环境和条件。只有通过这样的机制建设，高校思政教育才能更好地发挥作用，为学生的综合素质提升提供有力支撑。

高校思政教育的价值和意义不仅仅局限于校园内部，更是涉及到整个社会的发展和进步。高校的努力和成就将对社会产生积极的影响，促进社会的良性发展和和谐进步。通过高校思政教育的不懈探索和实践，我们有理由相信，社会共赢与共享的目标定能够实现，为建设更加美好的社会奠定坚实基础。

第四章　高校思政教育的具体实践探索

第一节　制定思政教育教学大纲

一、整合国学、马克思主义基本原理及时事热点

高校思政教育在当今社会具有重要意义，为了更好地推进思政教育工作，制定思政教育教学大纲是至关重要的。本大纲将整合国学、马克思主义基本原理及时事热点，旨在引导学生全面深入地了解和思考国家发展、社会进步、人类命运共同体等重要问题。为了实现教学目标，我们将设计跨学科课程，通过跨学科的教学方式，提升学生的综合性能力和创新思维，促进思政教育的深入开展。

设计的跨学科课程将综合人文、社会科学、自然科学等多个学科知识，结合国学经典、马克思主义基本理论与时事热点，使学生能够全面了解和把握社会发展的脉络和规律。通过这些课程，学生将培养批判性思维、创新能力和团队合作精神，提升综合素质和终身学习能力。同时，课程设置还将引导学生积极参与社会实践，关注国家大事和时事热点，培养学生的社会责任感和使命感。

跨学科课程设计还将侧重引导学生思考和探讨当今社会面临的重大问题，如全球化、环境保护、权利与公平等议题。通过跨学科的教学方式，激发学生对多元文化、多元意识的认知和理解，培养学生的国际视野和全球胸怀，使其在日后的学习和工作中能够更好地适应多变的社会环境。

设计跨学科课程是促进思政教育深入开展的有效举措。通过整合国学、马克思主义基本原理及时事热点，激发学生的学习兴趣和思考能力，培养学生的

综合素质和创新能力，推动高校思政教育工作不断迈向新的高度。希望本大纲能够为高校思政教育工作提供有益的参考和指导。

在高校思政教育中，实践案例教学是一种非常有效的教学方式。通过引入实践案例教学，学生可以更加生动地了解和理解国学、马克思主义基本原理以及时事热点。实践案例教学可以让学生在课堂上感受到真实的社会问题，并通过分析、讨论和解决问题的过程，增强他们的批判性思维能力和团队合作意识。同时，实践案例教学也可以激发学生的学习兴趣，使他们对思政教育的学习更加主动和深入。通过引入实践案例教学，可以有效地促进学生的综合素质的提升，培养他们成为有担当、有情怀的新时代青年。

实践案例教学不仅仅是一种有效的教学方式，更是一种激发学生思想火花的途径。在实践案例的引入下，学生可以感受到课本知识与现实生活的联系，进而培养起他们对于解决社会问题的责任感和积极性。通过参与实践案例的讨论和分析，学生在与同学的交流中激发出自己的独立思考能力和创新意识，使他们真正成为会思考、会求知的新时代人才。

实践案例教学带来的不仅仅是知识技能的提升，更是学生综合素质的全面提升。在实践案例中，学生需要通过团队合作来解决问题，这培养了学生的协作精神和团队意识，使他们在未来的工作和生活中更具备竞争力。同时，实践案例教学也能让学生积累更多的社会经验，增加对社会的了解和认识，为他们未来的成长和发展奠定坚实的基础。

总的来说，实践案例教学是一种教学方式，更是一种培养学生综合素质和人文素养的有效途径。通过引入实践案例教学，高校思政教育可以更好地激发学生的学习热情，拓展他们的视野，使他们成为具有社会责任感和创新精神的新时代青年。愿每一个学生在实践案例教学的熏陶下，茁壮成长，成为未来社会的栋梁之材。

在高校思政教育中，结合校园文化建设是非常重要的一环。校园文化是高校的精神家园，是学生的精神寄托和成长环境。通过加强校园文化建设，可以有力地推动高校思政教育的深入开展，培养学生正确的人生观、价值观和世界观。校园文化建设应与思政教育相结合，通过丰富多彩的文化活动和实践，引导学生积极参与，塑造良好的文化氛围。同时，校园文化建设还应注重传承和发扬中华优秀传统文化，弘扬民族精神，增强学生文化自信。综合利用各种资源，打造具有特色的校园文化，为高校思政教育提供坚实支撑。

在高校思政教育中，校园文化建设的重要性不言而喻。校园文化既是高校的传统，也是教育的载体。在校园文化建设中，学校可以通过形式多样的活动和传统文化的传承，为学生提供更加丰富多彩的成长环境。举办文艺演出、书法比赛、民俗活动等文化活动，不仅可以增加学生的文化底蕴，还可以激发学生的创造力和表现欲。

同时，在校园文化建设中，要注重引导学生积极参与，让他们成为文化活动的主体。学校可以设置各种文化团体，如戏剧社、音乐团、书法社等，让学生在兴趣的指引下参与到文化建设中来，从而培养学生的合作精神和团队意识。

在校园文化建设中还应该注重融入当代元素，使传统文化与现代文化相互交融，让学生在传承中创新，在传统中求变。这样的文化建设，不仅可以增强学生的文化自信，还可以培养学生的跨文化交流能力，使他们能够更好地适应多元化的社会环境。

综合利用各种资源，打造具有学校特色的校园文化，将为高校思政教育提供更加坚实的支撑。通过校园文化建设，学校可以营造出浓厚的人文氛围，让学生在这样的环境中接受思想政治教育，树立正确的人生观和价值观，从而为社会培养出更多具有综合素质和社会责任感的人才。愿校园文化建设不仅成为高校的精神家园，更成为学生成长的绿洲，为社会的发展注入源源不断的活力。

在高校思政教育的实践中，定期评估和改进教学效果是非常重要的环节。只有通过对教学效果的全面评估，学校才能更好地了解学生的思想状况和学习情况，及时发现存在的问题和不足之处。通过评估的结果，学校可以对教学计划和教学内容进行调整和改进，提高教学质量和效果。同时，定期评估也可以帮助学校更好地把握教学节奏，及时发现并解决教学中的问题，保证教学进程的顺利进行。只有坚持定期评估和改进教学效果，高校思政教育才能真正发挥其应有的作用，为学生的全面发展提供更好的保障。

在高校思政教育的实践中，定期评估和改进教学效果是重要的保障措施。通过对学生思想状况和学习情况的深入了解，学校可以及时发现存在的问题并制定相应的改进计划。评估结果的准确反馈有助于提高教学计划和内容的质量，增强教学效果。更重要的是，定期评估有助于把握教学节奏，及时调整教学策略，确保教学进程的顺利进行。只有不断地改进和提升教学效果，高校思政教育才能真正发挥其应有的作用，为学生的全面发展提供更加有力的支持。

为了确保评估和改进工作的顺利进行，学校需要建立完善的评估机制和反馈渠道。教师和学生的意见和建议应被充分尊重和采纳，形成教学改进的共识。同时，学校还应建立起多层次的评估体系，包括内部评估和外部评估，确保评估结果客观可信。学校还可以利用现代化技术手段，如大数据分析和人工智能辅助评估，提高评估效率和精度。

除了定期评估和改进教学效果外，学校还应注重教学过程中的实时监测和反馈。教师应当不断收集学生的学习情况和反馈信息，及时发现教学中的问题并及时解决。与此同时，学校也需要给予教师充分的支持和培训，提升他们的教学水平和专业素养。只有这样，才能真正做到定期评估和改进教学效果，为高校思政教育的提质增效提供有力保障。

二、开展社会实践活动

通过组织学生参与社区服务活动，可以增强他们的社会责任感和团队合作能力，培养他们热爱祖国、热爱人民的情感。同时，也可以让学生更好地了解社会现实，从而促进他们的社会适应能力和社会实践能力的提升。对于高校思政教育来说，组织学生参与社区服务活动不仅是一种教学方式，更是一种教育实践，可以为学生提供真实的社会实践场景，促使他们将所学的理论知识与实践相结合，达到理论联系实际的效果。通过参与社区服务活动，学生可以深入了解社会民生需求，增强社会责任感，培养自身的创新精神和实践能力，为提升高校思政教育的质量和深度起到积极的作用。在未来的实践中，高校应该不断完善社区服务活动的组织形式和内容，努力将社区服务活动贯穿于学生的学习生活中，为他们的综合素质提升奠定坚实的基础。

在当前社会背景下，高校的思政教育任务异常繁重，要求学校将更多的资源投入到学生的综合素质提升中。而组织学生参与社区服务活动，正是一种具有重要意义的教育实践。通过参与社区服务，学生可以接触到更广泛的社会群体，了解不同层面的社会需求，拓宽视野，提高综合素养。同时，也可以促进学生的社会适应能力和实践能力，培养他们的创新思维和团队协作能力。

在这一过程中，学生将能够提升自己的社会责任感和使命感，激发出更多的爱心和奉献精神。他们会感受到参与社区服务活动的快乐和成就感，激发出更多积极向上的能量，带着这些正能量回到校园，将积极影响身边的同学，实现共同发展、合作共赢。

未来，高校可以进一步完善社区服务活动的内容和形式，使之更加贴近学生的需求和实际情况，有效激发学生的内在动力和创造力。通过不断改进和优化，将社区服务活动融入学生的学习和生活中，使之成为学生不可或缺的一部分。这样一来，将为高校思政教育的持续深入提供坚实的基础，为培养更多社会责任感强、实践能力强的优秀人才奠定基础。

总的来说，组织学生参与社区服务活动是高校思政教育中的一项重要举措，具有深远的教育意义和社会意义。通过这种实践方式，可以为学生提供更广阔的成长空间，培养出更加符合社会发展需求的人才，为社会的进步和发展贡献自己的力量。希望高校在未来能够进一步加强对学生的引导和关怀，促使社区服务活动取得更加丰硕的成果。

在高校思政教育的实践探索过程中，设立暑期实践项目是一项非常重要的举措。通过设立暑期实践项目，可以让学生在课堂之外的实践中，更加深入地了解社会现实，提升他们的社会责任感和实践能力。这样的项目可以让学生将理论知识与实践相结合，使他们的学习更加全面和深刻。同时，暑期实践项目也为学生提供了一个锻炼自己的机会，让他们在实践中不断成长和进步。通过参与暑期实践项目，学生可以更好地了解社会、拓宽视野，培养综合能力和创新精神，从而更好地为社会做出贡献。在今后的高校思政教育工作中，设立暑期实践项目将会成为一项重要的教学内容和教学方式。

在高校思政教育的实践探索过程中，设立暑期实践项目促进了学生全面发展的目标。通过参与暑期实践项目，学生能够在实践中提升自身社会责任感和实践能力，同时也能够将课堂所学理论知识与实践相结合，使学习变得更加贴近实际、更加深入。暑期实践项目不仅仅是一次简单的实践活动，更是一次全方位的锻炼和成长之旅。

在实践活动中，学生将面临各种各样的挑战和困难，需要他们运用所学知识，结合实际情况进行思考和解决问题。在这个过程中，他们不仅能够提高解决问题的能力，还能够培养批判性思维和创新意识。通过参与各种实践项目，学生可以更好地了解社会的多样性，拓宽自己的视野，全面提升自己的综合素质。

暑期实践项目也为学生提供了一个展示自己的舞台，让他们在实践中展现自己的能力和特长。参与实践项目的学生可以结识不同领域的人才，拓展人际关系，共同探讨问题，共同进步。在这个过程中，学生不仅仅是个体的成长，更是团队的合作和交流，促进了团队凝聚力和创造力的培养。

总的来说，设立暑期实践项目是高校思政教育中的一大亮点，它不仅带给学生全新的学习体验，更是为学生的人生发展打下坚实的基础。随着暑期实践项目的不断完善和深化，相信学生们将在这个过程中不断成长、不断进步，为未来的社会做出更大的贡献。

三、推行网络课堂教学

通过制定线上学习计划，可以更好地引导学生开展思政教育学习，使其能够在网络环境下进行系统学习和探讨，提高学习的效果和效率。线上学习计划包括学习内容、学习进度安排、学习任务要求等方面的规划，可以帮助学生有条不紊地进行学习，充分利用网络资源和工具，拓展学习空间，促进学生的全面发展和提升。同时，线上学习计划也能够为教师提供指导和监督学生学习的依据，促进教学效果的提升和评价体系的建立。通过制定线上学习计划，可以更好地适应现代信息技术的发展，发挥网络教学的优势，推动高校思政教育的现代化发展。

通过制定线上学习计划，学生可以更好地掌握学习进度和内容，从而提高学习的效率和效果。同时，线上学习计划还可以帮助学生培养自主学习的能力，激发他们的学习兴趣和动力。在线上学习平台上，学生可以随时随地进行学习，充分利用碎片化时间，提高学习的灵活性和便捷性。

线上学习计划还可以为教师提供更多的教学资源和工具，帮助他们更好地设计和组织课程。通过线上学习平台，教师可以向学生提供更丰富多样的学习资料和任务，促进学生的思辨能力和创新意识。教师可以根据学生的学习情况进行个性化指导，及时了解学生的学习进展，并及时调整教学策略，提高教学效果。

线上学习计划还可以促进学生之间的交流和合作。学生可以通过线上学习平台分享学习心得、讨论问题，从而加强彼此之间的交流与合作，共同解决学习中遇到的困难。通过互相激励和学习，学生的综合素质和团队合作能力得到了进一步提升。

通过制定线上学习计划，可以更好地适应现代信息技术的发展，发挥网络教学的优势，推动高校思政教育的现代化发展。线上学习计划不仅有利于学生的学习提高和教学效果的提升，还能够促进学生的全面发展和提升，为高校的现代化建设提供坚实的基础。

学校通过开设讨论区和在线辅导的方式，为学生提供了更多的学习交流和帮助的机会。讨论区是一个可以让学生在虚拟空间中进行讨论、交流的平台，学生可以在这里分享自己的看法和心得体会，也可以与其他同学进行互动和交流。在线辅导则是为学生提供了一个随时随地都可以获取帮助和解答问题的途径，在线辅导老师可以及时为学生解决学习中遇到的困难和问题，帮助他们更好地理解和消化所学知识。这种开设讨论区和在线辅导的做法，极大地方便了学生的学习，也促进了学生之间的交流和学习氛围的营造。通过这种方式，学校可以更好地促进学生之间的互动和交流，提高学生的学习积极性和主动性。

通过开设讨论区和在线辅导，学校为学生提供了一个更加便捷和高效的学习交流途径。在讨论区中，学生可以分享各自的见解和观点，与同学们展开深入的讨论和交流，从而拓宽思维，提升学习水平。同时，通过在线辅导，学生可以在学习过程中随时获得老师的指导和支持，及时解决学习中遇到的问题，保持学习的连续性和有效性。

除了提供交流和帮助的机会外，开设讨论区和在线辅导还有助于培养学生的学习独立性和自主性。在讨论区中，学生需要独立思考问题、整理思路，并积极参与讨论，从而提高自主学习的能力和意识。而通过在线辅导，学生可以根据自己的学习需求主动选择合适的时间进行学习，培养自我管理和规划的能力。

这种开设讨论区和在线辅导的做法，不仅方便了学生的学习，也促进了学生之间的交流和合作。通过讨论区和在线辅导，学生可以互帮互助，共同进步，形成良好的学习氛围。同时，学校也可以通过这种方式更好地了解学生的学习情况和需求，有针对性地开展教学工作，从而提高教学质量和效果。

总的来说，开设讨论区和在线辅导是学校为了更好地促进学生学习和发展所采取的一种有效措施。这种做法不仅使学生受益匪浅，也为学校教学工作提供了更多的可能和机遇。希望学校在未来能够继续推进这种有益做法，不断完善和提升教学质量，助力学生成长和发展。

四、建立导师制度

在高校思政教育理论与工作探索中，制定思政教育教学大纲是至关重要的一环。通过建立导师制度，学生在学习与生活中得到更全面的指导和帮助，提高了思政教育的实效性。导师制度的建立为学生提供了更贴心的关怀与指导，使他们在学习和生活中更有方向感和归属感。导师不仅仅是学术上的指导者，更是学生生活中的贴心人，关心学生成长成才的全方面需求。通过导师的指导，学生在学习和生活中都能够得到良好的塑造与引导，走向更加美好的未来。

在高校思政教育理论与工作探索中，导师制度的建立为学生提供了更多的关怀和支持。学生们在导师的指导下，不仅在学术上得到帮助，也在生活中受到关心和照顾。导师们像是学生成长道路上的指路明灯，他们不仅懂得如何引导学生掌握知识，更了解如何让学生在生活中获得平衡和快乐。

通过与学生的密切互动，导师们了解学生的需求和困难，给予他们及时的支持和鼓励。他们不仅关注学生的学业，还注重培养学生的综合能力和品德修养。导师们愿意倾听学生的心声，为他们排忧解难，传授人生经验和处世之道。在导师的悉心指导下，学生们更加自信和坚定地迈向未来的道路。

导师们也起到了学生精神家园的作用，为他们提供心灵慰藉和情感支持。

在导师的呵护下，与学生们建立起了亲密的师生关系，形成了一个温馨和谐的学术氛围。导师们的关怀与支持，不仅让学生在学术上获益良多，更让他们在大学时光中感受到了温暖和关爱。

总的来说，导师制度的建立为高校思政教育带来了新的活力和动力，促进了学生学习和生活的全面发展。导师们的辛勤付出和无私奉献，让学生在求知求真的道路上更加坚定和执着。在导师的指导下，每个学生都能够不断成长和进步，走向更加光明美好的未来。

在高校思政教育的理论与工作探索中，制定思政教育教学大纲是至关重要的。通过大纲的明确规定和细致安排，可以有效指导学生在课程学习中形成正确的思想观念和道德品质。同时，建立导师制度也是十分必要的，导师可以给予学生个性化的指导和支持，帮助他们解决学习和生活中的困难。提供精神指导和支持，可以激发学生的学习兴趣和积极性，引导他们积极参与社会实践和思想交流，进而促进个人全面发展。在高校中，论文导师扮演着重要的角色，他们不仅需要关注学生学术上的进步，更重要的是要关心学生的人格塑造和思想教育。通过不断提供精神指导和支持，我们可以培养出更多德才兼备、有社会责任感的优秀人才，为社会发展和进步做出贡献。

鼓励学生参与学术研究，是高校思政教育的一项重要举措。学生通过参与学术研究，可以增强自身的专业能力和学术素养，提高解决问题的能力。同时，学生在学术研究中还可以拓宽视野，加深对所学知识的理解和应用。高校应该给予学生更多的机会和平台，鼓励他们积极参与学术研究，促进学生全面发展和成长。

鼓励学生参与学术研究，为他们提供了更多展示自我的机会。通过参与学术研究，学生可以在实践中不断提升自己的能力和素养，逐渐成长为具有学术眼光和创新精神的人才。同时，学生还可以借助学术研究的平台，积累丰富的社会资源和人脉，为未来的发展打下坚实的基础。

学术研究的过程，不仅是知识的获取和整合，更是思维的碰撞和交流。在学术研究中，学生可以结识志同道合的同学和导师，共同探讨问题，互相启发和借鉴，形成良好的学术互动和合作氛围。通过学术研究，学生可以加深对自己所学专业的了解，提高自己的学术水平和解决问题的能力，为未来的学术探索和实践奠定坚实基础。

在学术研究的过程中，学生还能够培养自己扎实的动手能力和实践能力，锻炼自己的逻辑思维和创新意识。学生在学术研究中通过实践探索和实验验证，不断发掘问题的本质和规律，培养自己的实际操作能力和创新能力，为将来的工作和生活奠定坚实的基础。

总的来说，学术研究不仅是知识的深入和扩展，更是人格的升华和素养的提高。高校鼓励学生参与学术研究，旨在培养具有创新精神和实践能力的人才，促进学生的全面发展和成长，为社会的发展和进步贡献自己的力量。希望广大学生能够珍惜这个参与学术研究的机会，不断提升自己的素质和能力，在实践中成长，为社会的繁荣做出积极贡献。

五、强化学生综合素质培养

高校思政教育的目标是培养学生全面发展的人才，其中身心健康的发展至关重要。为了实现这一目标，我们制定了思政教育教学大纲，强调学生身心健康的重要性。通过课程设置和教学方法的改进，我们致力于帮助学生建立健康的生活方式，培养积极向上的心态，并提高他们抵抗压力和应对困难的能力。在教学实践中，我们注重给予学生足够的关爱和支持，鼓励他们积极参与体育锻炼和文体活动，提升他们的身体素质和心理素质。通过思政教育的实践探索，我们希望能够促进学生身心健康的全面发展，为他们的未来成长奠定坚实的基础。

在高校思政教育的实践中，我们还注重引导学生树立正确的人生观、价值观和世界观，培养他们健康的心灵。我们通过开展心理健康教育，帮助学生认识自我、理解他人，提升他们的情商和人际交往能力。同时，我们也积极开展心理咨询服务，为学生提供专业的心理辅导和支持，帮助他们解决情绪问题，缓解压力，保持心理平衡。

在教学实践中，我们鼓励学生积极参与社会实践和志愿服务活动，培养他们的社会责任感和团队合作精神。我们通过拓展课外活动，丰富学生的课余生活，提高他们的综合素质和创新能力。同时，我们注重引导学生树立正确的健康观念，提倡健康的饮食习惯和生活方式，加强身体锻炼，预防疾病，促进身体健康发展。

在思政教育的实践中，我们始终坚持以学生为本，关注每个学生的成长需求，为他们提供全方位的支持和服务。我们相信，只有通过全面培养学生的身心健康发展，才能真正提升他们的综合素质，为社会培养更多更优秀的人才。我们将继续努力探索创新，不断完善思政教育体系，为学生的未来成长打下坚实的基础。愿每个学生都能健康快乐地成长，展翅高飞，为实现中华民族伟大复兴的中国梦贡献自己的力量。

在高校思政教育的实践中，提升学生领导能力是一个重要的方面。通过制定思政教育教学大纲，学校能够有针对性地引导学生参与各种领导活动，从而提升其领导能力。学校应该注重培养学生的团队合作意识和组织管理能力，使他们具备在团体中发挥领导作用的能力。同时，学校还应该采取多种形式的领导力培养活动，如学生干部培训、领导力讲座等，帮助学生提升领导技能和魅力。通过这些努力，可以有效提升学生的领导能力，为其未来的发展打下坚实的基础。

在高校思政教育中，培养团队合作精神是至关重要的。通过一系列教学实践和课程设置，学生们能够理解团队合作的意义，并学会在团队中发挥自己的作用，同时也学会尊重他人、合作共赢。在课堂上，教师可以设计一些小组作业或项目，让学生们一起讨论、合作解决问题，从而培养他们的团队协作能力。在课外活动中，学生也可以参加各种社团组织或志愿活动，通过团队合作来实现共同的目标，锻炼他们的团队精神。通过这样的实践，学生们能够学会相互配合、协调工作，提高整体团队的效率，培养出合作共赢的意识和能力。这对于他们未来的职业生涯和社会交往都有着积极的影响。

在高校思政教育中，培养团队合作精神的重要性不言而喻。除了课堂上的教学实践和课程设置外，学生们还可以通过其他方式来锻炼团队合作能力。比如，学生可以参加学校组织的各种比赛和活动，通过与队友合作，共同努力，取得优异的成绩。同时，学生可以参与实践项目，与同学们一起面对挑战，共同解决问题，从而提升团队协作的能力。

除了学校内部，学生还可以在社会实践中培养团队合作精神。例如，参与社会实践活动、志愿服务等，都是锻炼团队合作的绝佳机会。在这些活动中，学生需要与来自不同背景的人一起合作，互相支持，共同完成任务。通过这样的实践，学生们能够更好地理解团队合作的重要性，培养出团队精神和协作能力。

在实践过程中，学生还有机会学会如何有效沟通、协调和解决问题，这些都是团队合作不可或缺的要素。通过不断的实践和积累经验，学生们能够逐渐形成良好的团队合作习惯，将这种精神融入到日常生活和工作中。最终，他们将能够在未来的职业生涯中取得更大的成功，并在社会交往中展现出更加出色的能力。团队合作精神不仅是一种技能，更是一种态度和价值观，它将伴随学生一生，并对其产生深远的影响。因此，培养团队合作精神，对于学生的成长和发展是至关重要的。

第二节　创新教育形式

一、引入课程项目化教学

设计实践项目的意思是让学生通过实际的操作和实践来提高自己的能力和素质。在思政教育中，设计实践项目可以帮助学生将理论知识与实际操作相结合，使他们在实践中更好地理解和掌握所学知识。通过设计实践项目，学生不仅可以在课堂上学到知识，还可以在实践中感受到知识的实际应用和意义，从而提高他们的学习兴趣和积极性。

在设计实践项目的过程中，我们可以结合学生的实际情况和需求，设置具体的实践内容和任务，让学生通过实践锻炼自己的实际操作能力和解决问题能力。通过设计实践项目，学生可以在实践中不断地思考和总结，培养自己的创新思维和解决问题的能力。同时，设计实践项目还可以培养学生的团队合作和沟通能力，让他们在实践中学会与他人合作、协调和共同进步。

设计实践项目是思政教育中的重要环节，可以帮助学生在实践中提高自己的能力和素质，为他们的综合素质培养打下坚实的基础。通过设计实践项目，我们可以更好地引导学生，促进他们全面发展，达到思政教育的目标和要求。

在设计实践项目的过程中，我们应该注重培养学生的实际动手能力和解决问题能力。通过实践，学生可以感受到知识的实际应用和意义，从而激发他们的学习兴趣和积极性。设计实践项目要贴近学生实际生活，让他们在实践中体会到知识的价值和力量。不仅要注重学生的个人能力培养，更要注重培养学生的团队意识和合作精神，让他们在实践中学会尊重他人、协作共赢。设计实践项目还可以帮助学生树立正确的人生观和价值观，引导他们树立正确的人生目标和追求。通过设计实践项目，我们可以让学生在实践中不断成长和进步，为他们未来的发展奠定坚实的基础。设计实践项目不仅仅是一种活动，更是一种教育思想和方法，是一种培养学生全面素质的有效途径。通过设计巧妙的实践项目，我们可以唤起学生内心的求知欲和探索欲，引导他们在实践中磨炼自己、提升自己，为社会主义现代化建设培养更多有志气、有担当的时代新人。

在高校思政教育的实践中，开展团队协作是至关重要的一环。通过团队协作，可以促进学生之间的交流与合作，培养学生的团队精神和协作能力。同时，团队协作也可以促进教师之间的交流与合作，促进教师之间的共同成长和进步。在高校思政教育中，团队协作应该贯穿于教学的始终，通过不同形式的团队活动和项目，激发学生的学习兴趣，培养学生的创新能力和团队意识。只有通过开展团队协作，才能真正实现高校思政教育的目标，为学生的全面发展和综合素质提升提供更加有力的支持。

在高校思政教育的实践中，开展团队协作可以带来许多积极的影响。团队协作不仅可以促进学生之间的交流与合作，培养他们的团队精神和协作能力，也可以促进教师之间的交流与合作，共同成长并取长补短。在高校思政教育的过程中，团队协作是一个不可或缺的环节，它需要贯穿于教学的全过程。

通过不同形式的团队活动和项目，学生可以在实践中体验团队合作的重要性和乐趣，培养他们的创新能力和团队意识。在团队协作中，学生不仅可以学会倾听他人的意见，尊重团队成员的不同观点，还可以学会分工合作，配合协调，共同解决问题。团队合作不仅能够提升学生的学习效率，还可以激发学生的学习兴趣，激发他们对知识的探索欲望。

团队协作也为教师提供了一个良好的交流合作平台，让教师们可以相互借鉴、学习，共同提高教育教学水平。通过团队协作，教师们可以分享教学经验，探讨教学方法，共同研究和解决教学中的难题，更好地发挥各自的优势，提高教育教学质量。

在高校思政教育中，要积极探索适合团队协作的方式和方法，设计丰富多彩的团队活动和项目，让团队协作成为师生之间交流合作的常态。只有通过开展团队协作，才能真正实现高校思政教育的目标，为学生的全面发展和综合素质提升提供更加有力的支持。团队协作不仅能够提升学生的综合素质，也是推动高校思政教育不断发展和完善的重要途径。

在高校思政教育的理论与工作探索中，打破学科界限是其中一个重要的方向。通过制定思政教育教学大纲，我们可以强化学生的综合素质培养，创新教育形式，并引入课程项目化教学。这些举措有助于打破传统学科界限，促使学生跨学科思维，拓宽视野，培养出更具有创新精神和综合能力的优秀人才。通过跨学科的教学内容和教学方法，可以让学生在学习过程中更好地理解各个学科之间的联系，促进知识的整合和交叉应用。这样不仅可以提高学生的学习效率，还可以培养出更具有综合素质的人才，为社会和国家发展做出更大的贡献。在未来的高校思政教育工作中，打破学科界限将会成为一个重要的方向和发展趋势。

通过引入课程项目化教学，我们可以更好地培养学生的实践能力。通过实践项目的设计和实施，学生可以在真实的情境中应用所学知识和技能，从而加深对理论知识的理解和应用能力。在项目化教学中，学生需要通过自主学习、团队合作等方式，解决实际问题，培养解决问题的能力和创新意识。同时，项目化教学也能够激发学生的学习兴趣和动力，提高他们的学习积极性和主动性。通过项目化教学，我们可以更好地培养学生的实践能力，促进他们全面发展。

通过引入课程项目化教学，学生可以在实践项目中践行所学知识和技能，实现理论与实践的有机结合。在项目化教学的实施过程中，学生需要通过自主学习和团队合作的方式，去面对、解决各种现实问题，促使他们培养起解决问题的能力和创新意识。这种实践性的学习方式也能够激发学生的学习兴趣和动力，提高他们的学习积极性和主动性。通过项目化教学，学生不仅可以在实践中加深对理论知识的理解和应用能力，还能更好地实现全面发展。

在项目化教学中，学生需要面对各种实际问题，通过团队合作和自主探究来解决这些问题。这种实践能力的培养过程不仅让学生增强实践经验，更加注重他们在实践中的思考和实践中形成的判断力。通过实践项目的设计和实施，学生可以逐步培养起适应未来社会发展需求的实践能力，为将来的工作和生活做好准备。

项目化教学也能够为学生提供一个更加开放、灵活的学习环境，让他们能够更好地发挥自己的特长和潜能。在实践项目中，学生可以充分发挥自己的创造力和想象力，解决问题的同时不断地挑战和突破自己的局限，实现自身能力的全面发展。通过项目化教学的实践活动，学生可以更好地发展自己的实践能力，提高解决问题的能力和创新意识，为未来的发展打下坚实的基础。

二、推广“双师型”教学模式

高校思政教育领域，教师与社会名人共同授课是一种创新的教学模式。通过这种模式，学生可以从不同领域的专家和名人身上获得更广泛的知识和经验，不仅能够开拓他们的学术视野，还能够加深对实践问题的理解。教师与社会名人共同授课不仅可以拓展学生的知识面，还可以增强学生的综合素质和实践能力，让他们更好地适应社会的发展需求。

在共同授课的过程中，教师与社会名人可以相互交流，共同探讨问题，这不仅有利于学生的学术提升，还能够激发学生的学习兴趣，提高他们的参与度和主动性。通过和社会名人的互动，学生可以更好地了解社会的现状和发展趋势，培养他们的社会责任感和使命感，进一步引导他们树立正确的人生观和价值观。

教师与社会名人共同授课的模式可以为学生提供更广阔的就业和发展渠道。社会名人的经验和资源可以为学生的职业规划和发展提供宝贵的指导和支持，帮助他们更好地实现自身的人生目标。教师与社会名人共同授课不仅可以促进学生学术水平和综合素质的提升，还可以为他们搭建更好的发展平台，推动他们更好地融入社会，成为具有社会责任感和创新能力的优秀人才。

高校思政教育理论与工作探索至关重要，制定思政教育教学大纲是其中的重要一环。在大纲中，我们应着重强化学生的综合素质培养，通过创新教育形式和推广“双师型”教学模式，培养学生的综合素质和能力。同时，倡导实践案例导向教学，让学生在实际案例中体会、思考和学习，提升他们的综合应用能力和解决问题的能力。在这种教学模式下，学生可以更加深入地了解和体会教育内容，通过实际操作获得更深刻的领悟。实践案例导向教学可以提高学生的学习兴趣和自主学习能力，同时也能够培养他们的团队合作和沟通能力。通过这种教学模式，我们可以更好地促进学生的全面发展，并为他们的未来发展打下坚实基础。

在实践案例导向教学的过程中，学生将不仅仅是被动授课和被动接受知识，而是能够积极参与到教学过程中。通过实际的案例分析和讨论，学生可以深入了解和掌握问题的本质，培养自己的分析和解决问题的能力。同时，实践案例导向教学还可以激发学生的学习兴趣和潜能，让他们在学习过程中不断挑战自我，发掘自己的潜力。

在这种教学模式下，学生不仅仅是被动接受知识，而是要主动参与到教学过程中去。通过实际案例分析和讨论，学生可以更加深入地了解和掌握问题的本质，培养自己分析和解决问题的能力。同时，实践案例导向教学还可以激发学生的学习兴趣和潜能，让他们在学习过程中不断挑战自我，发现自己的潜力。

随着社会的不断发展和变化，教育理念和方法也应该随之改变。实践案例导向教学正是一个适应时代发展需求的创新教育形式，它可以更好地满足学生的需求，让他们在实践中获得更多的收获和成长。通过这种教学模式，学生可以更好地适应社会的需求，成为未来社会的栋梁之材。

实践案例导向教学是一种符合时代潮流的教育模式，它可以提高学生的学习兴趣和自主学习能力，激发他们的创新潜力和解决问题的能力。只有通过实践中的探索和实践，学生才能真正地学以致用，全面发展，为未来的成长奠定坚实的基础。

三、建设互动式教学平台

在高校思政教育的具体实践探索中，制定思政教育教学大纲是至关重要的一环。通过制定清晰的教学大纲，可以明确教学目标、教学内容和教学方法，为思政教育工作的开展提供指导。同时，我们还要不断强化学生综合素质的培养，注重学生全面发展，培养学生的创新能力和实践能力。创新教育形式也是推动高校思政教育的重要途径之一。通过尝试新的教学方式和方法，可以激发学生的学习兴趣，提高教学效果。建设互动式教学平台是创新教育形式的重要组成部分，可以为学生提供更丰富的学习资源，促进师生之间的互动和交流。同时，创设在线互动课堂也是一种创新教育形式，可以使教学更具有灵活性和互动性，为学生提供更加便捷的学习途径。通过以上探索实践，我们将不断完善高校思政教育工作，为学生全面发展和成长提供更好的支持和指导。

在今天的高校教育中，创新的教学方式和方法变得越来越重要。为了推动思政教育工作的开展，我们需要持续地尝试新的教育形式，不断完善教学大纲和教学内容。除了建设互动式教学平台，创设在线互动课堂也是一个非常有效的途径。通过在线互动课堂，我们可以让学生在更加灵活和互动的环境中进行学习，提高他们的学习效果和学习兴趣。

在创设在线互动课堂的过程中，我们需要注重培养学生的综合素质，特别是创新能力和实践能力。通过不断地开展讨论、互动和合作，学生可以更好地运用所学知识，培养解决问题的能力。同时，在线互动课堂也为师生之间的互动和交流提供了更为便捷的渠道，促进了思政教育工作的深入开展。

除了创设在线互动课堂，我们还可以尝试其他创新教育形式，如教育游戏、虚拟实验室等。这些新颖的教学方式和方法可以激发学生的学习兴趣，提高他们的学习效果。通过不断地创新和实践，我们可以更好地为学生的全面发展和成长提供支持和指导。

在未来的高校思政教育工作中，我们将继续探索创新教育形式，不断完善教学方式和方法，为提升学生的综合素质和全面发展提供更好的保障。通过这些努力，我们相信高校思政教育工作将会迎来更加美好的未来，为培养更多有理想、有担当的优秀人才做出更大的贡献。愿我们共同努力，共同成长，共同进步！

为了更好地推动高校思政教育的实践探索，我们需要制定一套符合时代发展需求的思政教育教学大纲，通过该大纲的指导，全面加强学生的综合素质培养。在教学内容上，我们需要注重对学生进行全面的人文素养培养，引导他们正确处理人际关系，提升社会责任感和道德情操。同时，我们还需要结合实际情况，创新教育形式，采用更多互动式的教学方式，激发学生的学习兴趣和积极性，使思政教育更加贴近学生的实际需求。建设互动式教学平台也是重要的一环，通过建设线上线下结合的教学平台，实现师生之间的交流互动，提高教学效果。我们还要根据学生的不同学习情况和需求，提供个性化的学习建议，指导他们更好地学习并提升自身素质。通过这些探索与实践，我们相信高校思政教育将会迈上一个新的台阶，更好地服务于学生的全面发展。

在高校思政教育的探索与实践中，提供个性化学习建议是至关重要的。通过了解学生的不同学习情况和需求，我们可以为他们量身定制学习计划，指导他们更好地学习并提升自身素质。个性化学习建议可以帮助学生更有针对性地进行学习，培养其自主学习的能力，从而在学术和社会生活中更好地展现自己的潜能。

除了提供个性化学习建议，互动式教学平台的建设也是十分重要的。通过线上线下结合的教学平台，可以实现师生之间的即时沟通和互动，帮助学生更好地理解和消化所学知识。这种互动式学习环境不仅可以提高学生的学习效果，还可以激发他们的学习兴趣，促进他们的积极参与和思考能力。

为了更好地服务于学生的全面发展，我们还需要注重创新教育形式，采用更加互动式、启发式的教学方式。这样不仅可以更好地激发学生的学习热情，还可以培养他们的创新精神和解决问题的能力。结合实际情况，将思政教育贴近学生的实际需求，引导他们正确处理人际关系，提升社会责任感和道德情操，对于学生的综合素质培养至关重要。

高校思政教育应当走向更加个性化、互动式和创新的方向，为学生提供更好的学习环境和更有效的教育资源。只有不断调整教育理念和教学方法，不断探索适合当前时代背景下的思政教育模式，我们才能更好地培养出德智体美全面发展的优秀人才。愿每一位学子都能在高校思政教育的引导下，茁壮成长，成为社会的栋梁之材。

在高校思政教育工作中，为了更好地实现教学目标，提升教学质量，配备专业教育技术人员起着至关重要的作用。他们不仅能够为教师提供技术支持和帮助，还能够根据学生特点和需求，定制个性化的教学方案。他们的专业知识和技术能力，可以有效地提升教学效果，激发学生学习的兴趣和潜力。通过与教师密切合作，他们能够为高校思政教育工作注入新的活力和动力，推动教育教学的深入发展。因此，配备专业教育技术人员是高校思政教育工作中不可或缺的重要资源，值得被高度重视和合理配置。

在高校思政教育工作中，配备专业教育技术人员有助于提高教学质量，为教师和学生提供更多的支持和帮助。这些专业人员拥有丰富的教育技术知识和经验，在教学过程中能够运用各种先进的技术手段，使教学内容更加生动和吸引人。他们能够根据学生的学习特点和需求，为教师制定个性化的教学方案，使每一位学生都能够得到适合自己的教育。通过与教师紧密合作，他们能够及时了解教学情况，为教师提供反馈和建议，共同探讨教学中的问题并寻找解决方案。

配备专业教育技术人员还能够帮助教师更好地利用教育技术工具，提升教学效果。他们可以协助教师制作教学课件、设计在线学习平台、开展教学录像等活动，丰富教学手段，提升课堂氛围。同时，他们还能够培训教师使用教育技术工具，提高教师的教学水平和能力，使教学更加高效。

配备专业教育技术人员不仅可以促进教师的专业发展，还可以激发学生学习的兴趣和潜力。他们能够为学生提供更多的学习资源和支持，开展各种形式的学习活动，满足学生不同的学习需求。同时，他们还可以根据学生的实际情况，为学生提供个性化的学习建议和辅导，帮助学生更好地发挥自己的优势，提升学习成绩。

高校思政教育工作中配备专业教育技术人员的重要性不可忽视。他们的专业知识和技术能力为教师和学生提供了全方位的支持和帮助，促进了教学质量的提高，激发了学生学习的热情，推动了高校思政教育工作的深入发展，因此值得被高度重视和合理配置。

第三节　强化学生思想政治引导

一、设立学生心理辅导中心

为了更好地推进高校思政教育工作，我们实施了一系列措施。我们制定了思政教育教学大纲，明确了教学目标和内容，确保思政教育的全面展开。我们不断强化学生综合素质培养，通过课堂教学和实践活动，培养学生的创新能力和领导力。同时，我们不断创新教育形式，借助现代技术建设互动式教学平台，激发学生的学习兴趣和积极性。我们还注重强化学生思想政治引导，通过开展各类思政活动，引导学生正确树立人生观和价值观。为了更好地照顾学生的心理健康，我们设立了学生心理辅导中心，提供心理咨询服务，帮助学生解决心理问题，确保他们健康成长。通过这些努力，我们相信高校思政教育工作将取得更好的效果。

在为了更好推进高校思政教育工作的过程中，我们还实施了一系列其他重要措施。我们注重加强师资队伍建设，不断提升教师的教育水平和教学能力，确保他们能够胜任高质量思政教育工作。我们积极开展学生志愿者服务活动，引导学生积极参与社会实践，培养他们的社会责任感和团队合作意识。同时，我们重视学生体贴关怀，建立健全的师生关系，为学生提供温暖的学习环境和个性化的关怀服务。我们积极开展与企业合作，促进产学研深度融合，为学生提供更多实践机会，帮助他们更好地理解和应用所学知识。我们重视教风建设和校风塑造，倡导诚信守规、团结互助的校园氛围，营造浓厚的思政教育氛围。通过这些综合举措，我们相信高校思政教育工作将迎来崭新的发展，为培养德智体美劳全面发展的社会主义建设者和接班人做出更大的贡献。

在高校思政教育的具体实践探索中，开展心理健康教育是一项非常重要的举措。为了更好地满足学生的心理健康需求，学校设立了学生心理辅导中心，为学生提供心理咨询和辅导服务。通过这个平台，学生可以及时得到心理师的帮助，解决在学习和生活中遇到的各种心理问题。同时，学校还开展各种形式的心理健康教育活动，帮助学生树立正确的人生观、世界观和价值观，提高他们的心理适应能力和抗压能力。通过这些举措，学校将为学生的全面发展和健康成长提供强有力的支持。

为了更好地实施高校思政教育工作，我们制定了一系列措施。我们制定了思政教育教学大纲，明确了教育目标和教学内容。我们积极探索新的教育形式，不断创新教学方法，为学生提供更加丰富多样的学习体验。我们正在建设互动式教学平台，利用先进技术手段提升教学效果。同时，我们重视学生的综合素质培养，强化对学生的思想政治引导，引导他们树立正确的世界观、人生观、价值观。我们设立了学生心理辅导中心，致力于及时干预学生心理问题，帮助他们解决困扰和压力，确保学生身心健康。这些举措的实施将有助于提高高校思政教育的实效性和针对性，推动学生全面发展，为学生未来的成长之路奠定坚实基础。

二、开展政治理论教育

在高校思政教育的具体实践中，定期举办政治思想讲座是非常重要的一项举措。通过定期组织政治思想讲座，可以帮助学生深入了解党的政治理论和路线方针政策，增强他们的思想政治素养，引导他们树立正确的世界观、人生观和价值观。同时，政治思想讲座也是高校教育教学大纲的重要组成部分，旨在促进学生全面发展，提升学生的综合素质，培养学生具有高度的思想政治觉悟和奉献精神。通过开展政治思想讲座，高校可以拓展学生的知识视野，激发学生对政治学科的兴趣，培养学生的批判性思维和创新意识。建设互动式教学平台，定期举办政治思想讲座，将是高校思政教育的一项重要内容和实践探索。

在高校思政教育的具体实践探索中，我们制定了思政教育教学大纲，以强化学生综合素质培养为核心，通过创新教育形式和建设互动式教学平台，更好地引导学生进行思想政治学习。同时，我们注重开展政治理论教育，组织政治理论知识竞赛，以激发学生对政治理论知识的兴趣和热情。通过这些举措，我们努力为学生提供一个全面发展、健康成长的教育环境，为高校思政教育注入新的活力和动力。

在高校思政教育的具体实践探索中，我们不仅在课堂教学中注重学生综合素质的培养，还积极开展实践活动，如参观政治历史馆、参与社会实践项目等，以增强学生的体验感和亲身感。同时，我们还组织政治理论知识竞赛，让学生在比赛中充分展示自己的理论功底，激发他们对政治理论知识的学习兴趣。

除了传统的教学和竞赛活动，我们还鼓励学生参与社会实践和志愿服务活动，让他们身临其境地感受政治理论在现实生活中的应用与价值。通过参与这些活动，学生不仅可以提升自己的综合素质和社会责任感，还能更好地理解和运用所学的政治理论知识。

在建设互动式教学平台方面，我们致力于引入新技术，如在线教育平台和虚拟实验室，为学生提供更加便捷和多样化的学习资源。通过互动式教学平台，学生可以随时随地进行政治理论知识的学习和交流，同时也能够与老师和同学进行深入的讨论和互动。

总的来说，我们努力为学生营造一个积极向上、充满活力的思政教育环境，不断创新教育形式，激发学生的学习热情，为高校思政教育注入新的活力和动力。我们相信，通过这样的努力和探索，我们可以为学生的全面发展和健康成长提供更加有力的支持和保障。

通过鼓励学生参与社会实践，可以让他们更好地将所学知识应用到实践中，提高解决问题的能力和实际操作的能力。参与社会实践可以让学生更好地了解社会的运行规律，增强社会责任感和使命感。在实践过程中，学生还可以结识不同领域的人才，扩展人际关系网络，提高综合素质和交际能力。通过参与社会实践，学生可以更好地实践自己的理论知识，检验自己的学习成果，充实自己的实践经验，不断完善自己的思想观念和认识水平。因此，鼓励学生参与社会实践是高校思政教育的重要内容之一。

通过参与社会实践，学生可以拓宽自己的视野，了解更多社会问题和挑战，培养批判性思维和解决问题的能力。参与社会实践还可以让学生更好地发现自己的兴趣和潜能，从而指导自己未来的职业规划和发展方向。同时，在实践中，学生还可以学会与人合作、团队协作，培养领导能力和组织能力。参与社会实践还能够激发学生的创新意识和创业精神，让他们更加敢于尝试和创造。通过实践，学生可以不断提升自己的实际操作技能和实践经验，为未来的职业生涯打下坚实基础。鼓励学生参与社会实践不仅有助于他们的个人发展和成长，也符合高校思政教育的宗旨和目标，是一项非常有益的教育活动。

三、加强学生社会责任意识培养

在高校思政教育的具体实践探索中，组织公益志愿活动扮演着重要角色。通过组织公益志愿活动，学生可以接触到社会中真实存在的问题，促使其积极参与社会实践，提升学生的社会责任意识和公民意识。同时，志愿活动也为学生搭建了一个展现自我、贡献社会的平台，促使学生将理论知识与实际行动结合起来，培养学生的实践能力和创新意识。通过参与志愿活动，学生可以拓宽视野，增强团队合作能力，提升综合素质，实现个人价值的同时，也为社会发展和进步贡献力量。通过不断丰富和深化志愿活动内容，引导学生积极参与，不仅可以培养学生的社会责任感和使命感，更能够促进学生身心的全面发展。在高校思政教育的探索中，组织公益志愿活动是一种重要的教育方式，有助于培养学生的社会责任感和创新精神，促进学生全面发展。

通过对高校思政教育的具体实践探索，我们制定了思政教育教学大纲，着重强化学生的综合素质培养和创新教育形式。在这个过程中，我们建设了互动式教学平台，为学生提供更加全面的教育资源。

同时，我们也注重强化学生的思想政治引导，加强他们的社会责任意识培养。在这个方面，我们鼓励学生参与各种环保和慈善项目，以此引导他们积极参与社会公益活动。这不仅可以锻炼学生的团队合作能力和创新能力，还可以让他们明确自己在社会中的责任和使命。通过这些实践活动，学生将更加深刻地理解思政教育的重要性，培养出更加全面发展的个人素质。

参与社会公益事业是当代大学生必须具备的素质之一。通过参与社会公益事业，学生可以增强社会责任感，提高社会参与意识。这不仅对学生的个人成长有着积极的影响，也为社会的发展贡献了力量。为了培养学生的参与意识和责任感，学校应该加强对学生的引导和教育，让他们明白参与社会公益事业的重要性。只有通过实际行动，学生们才能真正领悟到公益事业对个人、对社会的意义，才能在实践中提升自身的综合素质和社会责任感。因此，学校应该积极组织学生参与各种形式的社会公益活动，让学生亲身感受到参与其中的快乐和意义，同时也为学生们提供一个展示自己才能、发挥专长的平台。这样，不仅可以推动学生的全面发展，也可以为社会公益事业的发展贡献力量。

参与社会公益事业不仅可以增强学生的社会责任感，还可以培养他们的团队合作能力和领导才能。通过参与公益活动，学生们可以学会与他人合作，共同解决问题，培养团队精神。同时，他们也有机会承担一定的领导责任，带领团队完成任务，提升自己的领导才能。这种综合能力的培养不仅可以在学生参与公益活动中得到锻炼，也会在日常生活和学习中得到体现。

参与社会公益事业可以拓宽学生的人际交往圈，提高他们的交际能力和沟通能力。在公益活动中，学生会遇到各种不同背景的人，需要与他们合作、交流、沟通。通过这样的交往，学生不仅可以结识新朋友，还可以学习到不同的思维方式和沟通技巧。这对于他们的人际交往能力和社交能力的提升是非常有益的。

参与社会公益事业也可以为学生提供展示自己的机会，让他们展现自己的才能和专长。在公益活动中，学生可以发挥自己的特长，展示自己的创造力和执行力，得到他人的认可和肯定。这种自信心的建立和才能的展示，对于学生的个人发展和职业规划都有着积极的影响。

总的来说，参与社会公益事业是大学生必备的素质之一，不仅可以增强他们的社会责任感，还可以培养综合能力、提高交际能力获得展示自己的机会。学校应该积极引导和组织学生参与各种形式的公益活动，让他们通过实践来领悟公益事业的意义，不断提升自己的综合素质和社会责任感。这样，学生们不仅可以在公益事业中实现个人成长，也可以为社会发展贡献自己的力量。

第四节　打造思政教育特色品牌

一、设立思政教育专业

在高校思政教育的实践探索中，开设思政教育相关课程被认为是一项重要举措。通过设置具体的教学内容和学习目标，可以有效引导学生深入思考和探讨思想政治议题，增强他们的思想政治素养。一方面，这些课程可以涵盖政治思想、思想史、伦理道德、社会学等多个学科领域，帮助学生全面了解和认识社会现实和人生价值。另一方面，通过思政教育相关课程的开设，可以促使学生积极参与学习，增强他们的表达能力和批判思维，培养他们的创新能力和领导力。在未来的高校思政教育工作中，开设思政教育相关课程将继续扮演重要角色，为培养德智体美全面发展的社会主义建设者和接班人做出贡献。

在高校思政教育的实践探索中，开设思政教育相关课程是一项关键举措。这些课程不仅仅是为了传授知识，更重要的是要引导学生深入思考和探讨思想政治议题。通过这些课程的设置，可以帮助学生建立起正确的世界观、人生观和价值观，提升他们对社会的认知和理解。思政教育相关课程的开设，旨在培养学生的创新能力和领导力，让他们在未来的社会建设中能够更好地发挥作用。

除了涵盖政治思想、思想史、伦理道德、社会学等多个学科领域外，思政教育相关课程还应该注重实践教学，在课堂中融入社会实践和案例分析，让学生能够将所学知识运用到实际生活中去。通过与师生互动、小组讨论、实地考察等形式，促使学生从课堂走向社会，增强他们的实际能力和综合素质。

在未来的高校思政教育工作中，开设思政教育相关课程将持续发挥重要作用。这些课程不仅能够帮助学生增强对社会现实的认识和理解，还能够提升他们的综合能力和素养，为他们成为德智体美全面发展的社会主义建设者和接班人奠定基础。通过不断完善和创新，思政教育相关课程将为高校教育事业注入更多活力，为培养更多优秀人才做出积极贡献。

在高校思政教育的具体实践探索中，培养思政教育专业师资具有重要意义。通过设立思政教育专业，学校可以更加系统地培养思政教育领域的专业人才，为高校思政教育工作提供更加坚实的人才支持。同时，这也符合当前高校思政教育工作的发展需求，能够更好地满足学校教育教学的实际需求。

培养思政教育专业师资，需要不断完善专业课程设置，强化实践教学环节，注重师资队伍的建设和培训，促进专业师资的专业化、精细化发展。在专业课程设置方面，应根据思政教育领域的特点和需求，结合实际情况设计相关课程，包括思政教育理论、思政教育方法、学生心理辅导等内容，全面培养学生的教育理论素养和实践能力。

还应注重加强师资队伍的建设和培训。通过开展各类培训和学术交流活动，不断提升教师的业务水平和教育教学能力，使之能够更好地适应高校思政教育工作的发展需求，为学生提供更加优质的思政教育服务。

总的来说，培养思政教育专业师资是高校思政教育工作的重要保障，只有不断加强师资队伍的建设和培养，才能更好地推动高校思政教育工作向更高水平发展。

在高校思政教育的具体实践探索中，建立专业实践基地是一项重要举措。这种基地为学生提供了实践机会，帮助他们将理论知识应用到实际工作中。通过参与实践活动，学生能够更好地理解和掌握所学知识，培养解决问题的能力和实践能力。专业实践基地也可以帮助学生与社会接轨，了解社会需求，培养社会责任感和使命感。同时，基地还可以为学生提供专业领域的实践技能培训，增强其就业竞争力。因此，建立专业实践基地是高校思政教育工作中不可或缺的一部分，有助于提升教育教学质量和教学效果。

在建立专业实践基地的过程中，学生能够通过参与实践活动，将抽象的理论知识转化为具体的实践经验，从而提高自己的专业技能和实践能力。专业实践基地为学生创造了一个与社会互动、了解社会需求的平台，使他们更加注重实际问题的解决和社会责任的承担。在这种实践中，学生们不仅能够提升自己的综合素质，还可以增强团队协作能力和创新意识。

建立专业实践基地也有利于提高学生的就业竞争力。通过在实践基地的实践活动，学生可以接触到实际工作场景，了解专业领域的最新发展动态和行业需求，为将来的就业做好准备。实践基地还为学生提供了实践技能培训的机会，帮助他们更好地适应未来的职业发展。

专业实践基地不仅仅是高校思政教育工作的一部分，更是教育教学质量和教学效果的重要保障。通过建立这样的基地，学校可以培养学生的实践能力和社会责任感，使他们在未来的工作和生活中更加自信和有准备。因此，建立专业实践基地，对于高校和学生来说都具有非常重要的意义，有助于推动思政教育工作的深入开展，为培养德智体美劳全面发展的社会主义建设者和接班人做出贡献。

推动学术成果的转化，是高校的一项重要任务。通过建立产学研合作机制，促进学术研究成果的转化和应用，将理论研究转化为实际应用，推动社会进步。高校思政教育理论与工作探索中，也需要将学术成果转化的观念融入到教学大纲中，引导学生将学术理论结合实际，培养学生的实践能力和创新思维。

对于高校思政教育工作来说，推动学术成果的转化需要建立起科研平台和人才培养环节的衔接。在思政教育教学大纲中，应该注重培养学生的创新能力和实践能力，引导学生探索学术知识在实际工作中的应用，推动学术成果的实际转化。同时，高校应该积极与企业和社会机构合作，促进学术研究成果的产业化和商业化，实现学术成果的最大化价值。

在推动学术成果转化过程中，高校可以通过设立专业化的思政教育专业，为学生提供更加专业化的学习和研究环境，从而提高学术研究成果的转化率。通过推动学术成果的转化，高校将更加深入地参与社会实践，促进学术成果的应用和推广，为高校思政教育工作的深入发展提供坚实的基础。

在推动学术成果转化的过程中，高校还应重视培养学生的跨学科思维能力和团队合作精神，构建多元化的合作机制，搭建创新平台，激发学生的创造力和潜能。同时，高校还应该加强学科交叉和融合，鼓励学生跨学科学习和研究，促进学术成果的交流和互补，推动学术研究的深入发展。

在推动学术成果转化的过程中，高校可以通过加强与社会实践的联系，开展产学研合作项目，引导学生将学术成果转化为实际的科研项目或产品，实现学术成果的社会化应用。高校还应该加强与国际学术机构的合作，促进学术成果的国际化传播和交流，拓展学生的国际视野和影响力。

推动学术成果转化并非一蹴而就，需要高校与各界共同努力，共同推动学术研究成果的应用和推广，为学生提供更广阔的发展空间和更丰富的学术资源。通过不懈努力和持续探索，高校的思政教育工作将更加深入人心，为学生的综合素质提升和社会发展做出更大的贡献。

二、建设思政教育特色学院

在高校思政教育的实践探索中，构建学院特色文化尤为重要。学院特色文化是学院办学理念和精神内涵的具体化，是学院文化的核心和灵魂，也是学院发展的重要支撑。构建学院特色文化不仅可以增强学院的凝聚力和认同感，更可以为学生提供良好的学习氛围和成长环境。

学院特色文化的构建需要注重传承与创新相结合。传承是指学院应当传承和弘扬学校的优秀传统和文化基因，保持学院的历史血脉和文化传统。同时，也要注重创新，根据学院发展的需要和时代变化的趋势，不断探索创新，打破陈规旧习，开拓创新教育方式和方法。

构建学院特色文化还需要注重培养学生的人文精神和社会责任意识。学院应当通过各种途径，引导学生自觉践行社会主义核心价值观，培养学生的感恩之心和责任意识，使其成为具有社会责任感和公民素质的新时代青年。

构建学院特色文化是高校思政教育的重要内容之一，只有通过不懈努力，不断探索和实践，才能为学院的发展注入新的活力和动力，为学生的成长成才提供更加有力的支持和保障。

学院特色文化的构建是一个持续而复杂的过程，需要学院全体师生共同努力。在构建学院特色文化的过程中，学院管理者应当注重制定长远发展规划，明确发展目标和路线图，并落实到各个项具体的工作中去。同时，教师队伍建设也是至关重要的，教师要不断提高自身素质，注重教育本质，积极引导学生，为学生树立良好榜样。

学院特色文化的构建还需要注重学生的全面发展。学院应当关注学生的身心健康，注重培养学生的创新思维和实践能力，引导学生树立正确的人生观和价值观。同时，学院还应当注重学生的综合素质培养，重视学生的道德品质和社会责任意识的培养，让学生成为德智体美劳全面发展的现代青年。

学院特色文化的构建还需要注重与社会的互动与融合。学院应当积极融入地方社会，与社会各界建立密切联系，开展各种形式的社会实践活动，为地方经济社会发展做出贡献。同时，学院还应当关注社会的声音和需求，不断优化教学资源配置，提高教学质量，为社会培养更多的优秀人才。

在未来的发展过程中，学院特色文化的构建将是学院发展的核心任务之一，只有不断推进改革创新，凝聚共识合力，才能打造具有丰富内涵和鲜明特色的学院文化，为学院的可持续发展注入强劲动力。

在高校思政教育的实践探索中，建立学院品牌活动是至关重要的一环。通过积极开展各类有特色的品牌活动，可以有效地吸引学生的参与，提升学院的知名度和影响力。这些品牌活动不仅可以丰富学生的课余生活，还可以促进学生之间的交流与合作，培养学生的团队合作精神和创新意识。同时，通过这些品牌活动，学院可以向社会展示学生成长的成果和学院的办学特色，为学院的品牌建设打下坚实基础。

建立学院品牌活动的过程中，需要注重活动的策划与组织，确保活动的丰富多彩、互动性强，能够吸引更多学生的参与和关注。活动的主题和内容也需要与学院的办学理念和特色相契合，突出思政教育的特色，使活动成为学院特色的象征和传播工具。同时，要注重活动的长期性和持续性，建立起一系列连续性的品牌活动，使之成为学院教育教学工作的重要组成部分，真正发挥品牌活动对学院形象提升和教育教学质量提升的积极作用。

高校思政教育是一项重要的工作，为了更好地深入贯彻落实党的教育方针，我们制定了思政教育教学大纲，旨在强化学生的综合素质培养，创新教育形式，建设互动式教学平台，强化学生思想政治引导，加强学生社会责任意识培养。通过这些措施，我们致力于打造思政教育特色品牌，建设思政教育特色学院，提升学院的学术声誉，为培养德智体美劳全面发展的社会主义建设者和接班人做出应有的贡献。

在提升学院学术声誉的过程中，我们还注重培养学生的创新能力和实践能力，通过开展各类学术竞赛、科研项目和实践活动，激发学生的学习激情，拓展他们的视野和思维方式。同时，我们还加强学术交流与合作，邀请国内外知名学者来校讲学交流，组织学生参加国际学术会议和交流活动，提升学院在国际上的学术影响力。

我们积极开展学科建设，完善学科体系，加强学科交叉融合，推动跨学科研究和教学创新，不断提高学院的学术水平和竞争力。我们还致力于建设一支高水平的教师队伍，通过引进高端人才、培养优秀青年教师、加强师资培训等措施，提升教师的教学水平和科研能力，为学生成就提供坚实的师资支持。

同时，我们关注学生的全面发展，注重培养学生的自主学习能力、团队协作能力和社会实践能力，努力打造学生创新创业平台，提供各类实践机会和支持，激发学生的创新创业潜能，培养他们成为具有创新精神和实践能力的高素质人才。

通过以上种种努力，我们相信学院的学术声誉将不断提升，为社会主义建设者和接班人的培养贡献我们的力量和智慧。我们将坚持不懈地努力，不断探索创新，为学院的发展注入更多活力和动力，共同开创学院发展的新局面。

在高校思政教育的具体实践探索中，拓展学院国际交流被认为是一个重要的发展方向。通过与国外学府和机构的交流合作，学院可以借鉴先进的教育理念和经验，推动自身的教育教学水平和办学质量的提升。同时，学生也可以通过参与国际交流项目，增长见识，提升个人国际视野和跨文化沟通能力。

在推进国际交流过程中，学院可以建立合作关系，开展学生互派与教师交流活动，探讨教育教学经验和研究成果，推动教育教学工作的不断创新和进步。同时，学院还可以邀请国外知名学者、专家来校访问或举办国际学术会议，促进学术交流和合作，搭建起国际化的学术交流平台。

通过拓展学院国际交流，不仅可以促进学院教育教学质量的提升，还可以拓展学生的国际视野和跨文化交流能力，培养具有国际竞争力和拓展国际视野的人才，为学生的未来发展打下坚实的基础。

在推进国际交流的过程中，学院还可以积极开展留学生招生工作，吸引更多国际学生来校学习，促进不同国家、不同文化背景的学生之间的交流与互动。同时，学院可以组织学生参加海外交流项目，让他们亲身体验不同国家的教育体系和文化氛围，拓展个人视野，提升国际竞争力。

除了以上方式，学院还可以建立合作研究中心，与国外高等院校联合开展科研项目，推动学术交流和创新成果的产生。学院还可以开设国际化课程，融入世界先进的教学理念和方法，培养学生的全球化思维和跨文化沟通能力。通过这些举措，学院不仅可以提升教育教学质量，还能够在国际教育领域中树立起良好的声誉和地位。

总的来说，拓展学院的国际交流合作是一个促进学院整体发展的重要举措。通过与国外学术机构的合作，学院可以借鉴世界先进的教育理念和经验，不断提高办学水平和学术声誉。同时，学生也可以通过参与国际交流项目，拓展个人视野，提升跨文化交流能力，为未来的职业发展奠定坚实基础。愿学院能够不断深化国际合作，努力打造具有国际竞争力的高水平人才培养基地。

三、创新思政教育管理模式

高校思政教育的发展需要有一个完善的管理体系来支撑和保障。为此，我们提出设立教育管理中心的构想。设立教育管理中心可以更好地统筹规划和资源整合，提高思政教育的效益和成效。教育管理中心的功能将包括制定并完善思政教育管理政策、规划和谋划思政教育的发展方向、负责教育资源的分配和利用、组织开展各类教育活动以及评估和监督思政教育工作的进展。通过设立教育管理中心，可以更好地提升高校思政教育的质量和水平，为学生们的全面发展和成长提供更加有力的支持和保障。

为了更好地促进高校思政教育的发展，除了设立教育管理中心外，我们还可以采取一系列有效措施。可以加强师资队伍建设，通过提高教师的素质和水平来提升思政教育的品质。可以加强学生意识形态教育，引导学生正确的政治价值观和人生观。同时，还可以加强社会资源的整合和利用，吸引更多社会力量参与到思政教育中来，拓宽思政教育的渠道和形式。还可以通过建立完善的考核评价机制，激励各部门和个人积极投入到思政教育工作中。要加强与时俱进，结合当前社会和学生的实际情况，不断创新思政教育的内容和方法，使之更加符合时代的要求。通过这些综合措施的落实，可以更好地提升高校思政教育的质量，为学生们提供更加坚实的思想道德基础，助力他们健康成长与全面发展。

为了更好地推动高校思政教育工作，我们制定了细化的思政教育教学大纲，并在实践中不断完善和落实。在教学过程中，我们注重加强学生综合素质的培养，通过多元化的教学方法和课程设置，为学生提供更广阔的学习空间和发展机会。同时，我们积极创新教育形式，建设互动式教学平台，激发学生的学习兴趣和潜能，提升他们的综合能力。

在思政教育工作中，我们重视强化学生的思想政治引导，引导学生正确树立人生观、价值观，培养他们勇于担当、积极向上的意识和行动。同时，我们致力于加强学生的社会责任意识培养，通过开展各类志愿活动和社会实践，激励学生关爱社会、奉献社会，培养他们热爱祖国、热爱人民的情感。

为深化高校思政教育的实践探索，我们努力打造思政教育特色品牌，以发展独特的教育理念和教学模式，塑造学术氛围和校园文化。同时，我们创新思政教育管理模式，建立健全的管理体系和运行机制，确保思政教育取得持续、稳定的成效。

在评估思政教育工作的效果和质量方面，我们着力建立评估指标体系，通过科学的评估方法和工具，全面、客观地评价教育工作的成果和影响，为进一步提升思政教育质量和水平提供有力支撑。

四、强化师资队伍建设

师资队伍建设是高校思政教育工作中的重要环节。为了提高师资队伍的整体质量，我们将加大师资培训的力度，不断提升师资队伍的教学水平和专业素养。通过举办各类学术研讨会、教学培训班，邀请国内外著名学者进行学术交流，提升教师的学术研究能力和教学水平。同时，建立定期评估机制，对教师的教学效果和教学态度进行全面评估，促使教师不断改进教学方法，提高教学效果。除此之外，我们还将注重教师的心理健康培训，关注教师的工作压力和心理需求，提高教师的综合素质和职业满意度。通过不断完善师资队伍建设工作，我们将为高校思政教育工作的深入发展提供坚实的师资保障。

为了进一步提高师资队伍的整体素质和专业水平，我们将继续加大师资培训的力度。除了举办各类学术研讨会和教学培训班，我们还将积极引进国内外著名学者来进行学术交流，促进教师们的学术研究能力的提升。我们还将建立更加严格和科学的定期评估机制，全面评估教师的教学效果和教学态度，以激励教师们不断改进教学方法，提高教学效果。

我们也将注重教师的心理健康培训，关注教师的工作压力和心理需求，为他们提供更为全面的支持。通过开展心理健康课程和心理辅导活动，我们希望能够提高教师们的工作幸福感和职业满意度，进一步增强他们的综合素质。

除了以上工作，我们还将积极开展教师之间的合作与交流，鼓励教师们相互学习、共同进步。通过建立互助小组、定期组织教学观摩和交流会议，我们将促进教师们之间的合作与共享，推动整个师资队伍的提升。

通过不懈努力和持续改进，我们相信高校思政教育的师资队伍将迎来更为美好的发展前景。我们坚信，只有通过提升师资队伍的整体素质和专业水平，才能够为高校思政教育的深入发展提供坚实的师资保障。让我们共同努力，为建设更加优秀的师资团队而努力！

要激励教师开展教学研究，不断提升教学水平和能力。通过开展教学研究，教师可以更加深入地了解学生的学习特点和需求，有效地调整教学内容和方法。同时，教师在教学中遇到的问题和挑战也可以通过研究寻找有效的解决方案。激励教师积极参与教学研究，不仅可以提高教学质量，还可以促进教师个人的专业发展和成长。因此，建立激励机制，给予教师必要的支持和奖励，将是推动高校思政教育取得更好成效的重要举措。

激励教师开展教学研究是提升教学水平和能力的关键一环。通过深入研究学生的学习特点和需求，教师能够更好地调整教学内容和方法，以更有效地促进学生的学习和成长。同时，教师在实际教学中面临的问题和挑战也可以通过研究找到切实可行的解决方案，进一步提升教学质量。

积极参与教学研究不仅对学生有益，也对教师个人的专业发展和成长有着重要的意义。通过不断深耕研究，教师可以提高自身的专业水平和教学技能，从而更好地适应不同学生的需求和教学环境的变化，使自己的教学更富有创新性和针对性。

在这个过程中，建立激励机制并给予教师必要的支持和奖励至关重要。只有通过激励措施，教师才能更有动力地投入到教学研究中，不断提升自身的教学水平和能力。只有这样，高校思政教育才能取得更好的成效，学生的思想素质和综合能力才能得到更好地提升。

因此，高校和学校管理部门应该重视对教师的激励机制建设，为教师开展教学研究提供更多的支持和鼓励，并通过各种方式激励教师的创新和探索精神，使他们能够在教学中不断进步，推动教育事业的发展。

高校思政教育是学校教育的重要组成部分，是培养德智体美劳全面发展的社会主义建设者和接班人的重要途径。为了更好地推动思政教育工作的深入开展，我校制定了思政教育教学大纲，强调要加强学生综合素质培养，创新教育形式，建设互动式教学平台，强化学生思想政治引导，加强学生社会责任意识培养，打造思政教育特色品牌。在师资队伍建设方面，我们还建立了教师成长档案，以便更好地跟踪和评估教师的发展情况，为教师的专业成长提供有力支持。通过这些举措，我们旨在构建一个全面、健康、和谐的高校思政教育体系，为学生的成长和发展提供坚实支撑。

高校思政教育是学校教育的重要组成部分，是培养德智体美劳全面发展的社会主义建设者和接班人的重要途径。为了更好地推动思政教育工作的深入开展，我们始终秉承“立德树人”的宗旨，注重学生全面素质的培养。我们不断创新教育方式，建设互动式的教学平台，引导学生积极参与思政教育活动，培养他们的思想政治觉悟和社会责任意识。除此之外，我们还注重加强师资队伍的建设，认为师资是推动高校思政教育全面发展的关键因素。

在教师成长档案的建立上，我们不仅要关注教师的专业成长，还要关注他们的思想政治素养和教育教学水平。通过建立教师成长档案，我们能够更好地跟踪和评估教师的发展情况，及时发现问题并给予帮助和支持。我们致力于为教师的个人发展提供有力的支持，帮助他们不断提升自身的教育教学水平和思想政治素养，从而更好地为学生的成长和发展提供帮助。

通过这些举措，我们致力于构建一个全面、健康、和谐的高校思政教育体系，为学生打造一个良好的成长环境。我们相信，在全体师生的共同努力下，我们的高校思政教育工作将会不断取得新的成绩，为培养更多的社会主义建设者和接班人做出更大的贡献。我们期待着在思政教育领域做出更多的探索和创新，为国家的未来发展培养更多优秀的人才，为社会主义事业的持续发展贡献我们的力量。

在高校思政教育的实践中，培养青年思政教育骨干是至关重要的一环。他们不仅需要具备扎实的学术功底，更需要具备较高的思政教育理论水平和实践能力。为此，我们着力加强师资队伍建设，通过不断提升教师的业务水平和思政教育能力，为培养青年思政教育骨干奠定坚实基础。同时，我们积极引进国内外优秀的思政教育专家，搭建国际交流平台，拓展青年思政教育骨干的视野和思考，为他们提供更广阔的发展空间。

在培养青年思政教育骨干的过程中，需要针对性地设计教学计划和课程设置，让他们在系统学习的过程中全面提升自身的专业素养。同时，我们还鼓励他们参与各种思政教育实践活动，通过亲身实践来不断完善自我，提高自身的教育能力和水平。在这个过程中，我们倡导创新教育形式，打造互动式教学平台，让青年思政教育骨干在实践中不断探索，积累经验，实现理论与实践相结合。

同时，我们致力于加强青年思政教育骨干的社会责任意识培养，引导他们立足社会现实，关注国家大局，锤炼爱国情怀和责任担当。通过思政教育的特色品牌建设，我们引导青年思政教育骨干传承中华优秀传统文化，发扬社会主义核心价值观，实现自我提升和社会回报的有机结合。只有如此，他们才能成为未来思政教育事业的中坚力量，为国家和社会的发展贡献自己的力量。

五、加强与社会各界合作

高校思政教育的发展离不开与社会各界的合作和支持。为了更好地培养学生的综合素质，我们积极开展产学研合作，搭建起校企合作的桥梁，促进产业升级与学生实践能力的提升。通过与企业、研究机构等合作，学生不仅可以接触到最前沿的行业信息和技术，还能实地参与项目，并获得实践经验。这种合作模式不仅丰富了学生的实践经验，还加强了学校与社会的联系，为学生们提供更广阔的职业发展空间。

同时，产学研合作也是促进高校思政教育工作的重要途径。通过与社会各界的合作，学校可以更好地了解社会需求和行业发展趋势，为学生提供更加贴合实际需要的思政教育内容和形式。通过开展产学研合作，学生可以更好地将理论知识与实践技能相结合，培养综合素质和创新能力。

在未来的发展中，我们将进一步加强与社会各界的合作，扩大合作范围，拓展合作领域，为学生提供更多元化的实践机会和发展平台。同时，我们也将不断优化合作模式，探索更加高效和有益的合作方式，为高校思政教育的深入实践和探索提供有力支撑。我们相信，通过不断开展产学研合作，高校思政教育工作将迎来更加美好的未来。

通过拓展校友资源，我校得以更好地发展思政教育工作。校友资源是学校宝贵的财富，他们在社会各界取得了丰硕的成就，能够为学校的发展提供重要支持。学校可以邀请校友回校举办讲座、分享经验，激励学生树立正确的人生观和价值观；利用校友资源开展实习实训基地，为学生提供更多实践机会；同时，学校可以与校友联谊会合作，共同为学生成长成才谋福利。拓展校友资源，为学校思政教育注入新的活力与动力。

拓展校友资源不仅可以为学校的思政教育工作提供重要支持，同时也能为学生的发展和成长带来更多的机遇和挑战。学校可以邀请校友回校举办各类活动，比如就业创业分享会、行业沙龙等，让学生通过与校友的亲身交流，深入了解社会现状和行业发展动态。校友们不仅可以分享自己的成功经验和故事，还可以为学生提供就业指导和实用建议，帮助他们更好地规划未来的职业发展方向。

学校还可以充分利用校友资源开设实习实训基地，让学生在校友企业或机构中进行实践锻炼，将课堂所学知识应用于实际工作中，提升专业素养和实践能力。通过校友资源的支持，学生可以获得更多的实践机会，不仅可以增加就业竞争力，还能够更好地适应社会的发展需求。

学校可以与校友联谊会密切合作，共同为学生成长成才谋福利。校友联谊会可以为学校提供更多资源和支持，比如设立奖学金、资助学术研究项目等，为学生提供更多学习和发展的资助和机会。通过校友资源的共同努力，学校的思政教育工作将得到更加全面和深入的改进，为学生的人生道路注入更多的活力与动力。

拓展校友资源对于学校的发展和学生的成长都至关重要，学校应积极开拓校友资源，与校友们建立更加紧密的联系和合作关系，共同推动学校的健康发展和学生的全面成长。通过充分利用校友资源，学校的思政教育工作将得到更好的支持和促进，为培养更多有理想、有担当的社会栋梁打下坚实的基础。

通过加强与社会各界的合作，高校思政教育得到了社会力量的支持。这种支持不仅体现在资金、资源等方面，更体现在思政教育工作的深入发展和传播。社会力量的支持为高校思政教育工作提供了重要的保障和动力，为高校思政教育工作的创新与发展注入了新的活力。高校思政教育所倡导的理念和实践也得到了社会各界的认可和支持，这不仅为高校思政教育工作树立了良好的形象，更为思政教育的传播和推广奠定了坚实的基础。社会力量的支持是高校思政教育的强大后盾，也是高校思政教育工作取得成功的重要因素之一。高校思政教育将继续借助社会力量的支持，不断改进和完善工作，为培养德智体美劳全面发展的社会主义建设者和接班人做出更大的贡献。

通过加强与社会各界的合作，高校思政教育得到了社会力量的支持。这种支持不仅体现在资金、资源等方面，更体现在思政教育工作的深入发展和传播。社会力量的支持为高校思政教育工作提供了重要的保障和动力，为高校思政教育工作的创新与发展注入了新的活力。

社会各界的认可和支持，不仅为高校思政教育工作树立了良好的形象，更为思政教育的传播和推广奠定了坚实的基础。高校思政教育将继续借助社会力量的支持，不断改进和完善工作，为培养德智体美劳全面发展的社会主义建设者和接班人做出更大的贡献。在社会力量的支持下，高校思政教育工作将更加有力量和影响力，促进学生思想道德素质的不断提高。

社会力量的支持也意味着高校思政教育工作得到了更广泛的认可和关注，各界人士纷纷参与到思政教育工作中来，共同探讨、分享和传承思政教育的理念和实践。这种合作有助于拓展思政教育的影响范围，更好地服务于学生的全面发展。同时，社会力量的支持也为高校思政教育注入了新的活力，激发了教育工作者的创造力和热情，推动了教育内容和形式的不断创新。

在社会力量的支持下，高校思政教育工作将更加立足于时代发展的需求，更加贴近学生的现实生活和成长需求，为培养具有民族情怀和责任担当的优秀人才提供更加坚实的基础和支持。通过不断加强与社会各界的合作，高校思政教育工作将迈向更加广阔的舞台，为推动社会主义建设事业的发展贡献自己的力量。

在高校思政教育的实践中，我们必须充分发挥地方政府的支持力量。地方政府在高校思政教育中扮演着重要的角色，他们可以提供政策支持、资源保障和环境营造，为高校思政教育工作的顺利开展提供有力保障。地方政府可以与高校建立合作机制，共同制定思政教育的发展规划和政策措施，促进双方的良性互动与共赢。同时，地方政府还可以为高校提供专业指导和人才支持，引领高校思政教育走向更加深入、全面和实效，为学生的思想政治引领和社会责任意识培养提供有力支持。通过地方政府的支持力量，我们可以共同努力，打造高校思政教育的特色品牌，促进高校教育事业的不断发展和进步。

在实践中，地方政府的支持力量可以为高校思政教育工作提供更多的机遇和资源。地方政府可以通过举办各类论坛、讲座、研讨会等活动，邀请专家学者、行业领袖和社会名流来校园进行交流，为学生提供更广阔的视野和思想碰撞的机会。同时，地方政府还可以加大对高校思政教育项目的资金投入和项目支持，为高校提供更加丰富多样的教育资源和平台，提升学生的综合素质和思想品质。

地方政府还可以与高校共同推动国际交流与合作，开展产学研深度合作，为学生提供更多机会参与社会实践和创新创业活动。地方政府的支持力量可以帮助高校思政教育更好地融入国家战略和社会发展需求，将学生培养成社会责任感强、具有国际竞争力的新型人才。

通过地方政府的支持，高校思政教育将获得更大的发展空间和动力，为青年学生的成长和发展提供更广阔的舞台和条件。同时，地方政府的支持也将使高校思政教育在推动社会文明进步和促进国家发展中发挥更为重要的作用和价值。在未来的发展中，地方政府与高校将共同努力，共同推动高校思政教育事业向更高水平迈进，为中华民族伟大复兴提供坚实的人才和智力支持。

第五节　推动思政教育质量提升

一、完善教学评估机制

高校思政教育的实践探索中，设立评估委员会是至关重要的一环。评估委员会的设立不仅可以提高思政教育的质量，还可以有效监督和评价思政教育的实施情况。评估委员会将成为评价教育工作的重要机构，通过评估委员会的建设，可以更好地引导学校和教师开展各项思政教育工作，促进思政教育和学生综合素质培养的有机结合，不断完善评估机制，提高思政教育的实效性和针对性。评估委员会的设立将为高校思政教育工作的推进提供有力保障，确保思政教育的严肃性和权威性，为培养德智体美劳全面发展的社会主义建设者和接班人提供坚实保障。

在高校思政教育的实践过程中，开展学生满意度调查是非常重要的一环。通过调查了解学生对思政教育工作的认可度和满意度，可以及时发现存在的问题和不足之处，以便及时调整和改进工作方向和方式。只有不断倾听学生的声音，才能更好地满足他们的需求，提高思政教育的实效性和针对性。因此，我们将在开展学生满意度调查的过程中，充分利用各类问卷调查工具，深入测评学生对思政教育工作的认可和满意程度，同时也将鼓励学生积极参与，提出建设性意见和建议，共同努力推动思政教育的高质量发展，为培养德智体美劳全面发展的社会主义建设者和接班人做出积极贡献。

制定教师绩效考核标准是高校思政教育工作的重要环节，它可以有效地评估教师思政教育教学工作的成效和水平。通过制定科学合理的标准，可以规范教师的教学行为，提高思政教育工作的质量。同时，教师绩效考核标准也可以激励教师不断提升自身的专业水平和教学能力，进一步推动思政教育事业的发展。教师绩效考核标准的制定需要结合具体的思政教育实践探索，明确考核内容和标准，以确保评估的客观性和公正性。最终目的是营造良好的教育环境，促进学生全面发展，培养德智体美劳全面发展的社会主义建设者和接班人。

制定教师绩效考核标准是一项需要认真对待的工作。教师绩效考核标准的制定，可以促使教师认真对待教学工作，严格执行教学计划，积极与学生互动，提高教学质量。同时，通过绩效考核，也能够发现教师在教学过程中存在的不足之处，及时进行改进和提高。这一过程不仅可以提高教师的专业水平，也可以为学生提供更好的教学环境，促进学生的全面发展。

教师绩效考核标准的制定需要充分考虑到教师在思政教育中的独特地位和教学需求。只有制定出科学合理的评估标准，才能真正地反映出教师在思政教育中所做出的努力和成绩。在制定标准时，要考虑到教师在课堂内外的各项工作，包括教学内容的深度和广度、教学方法的多样化、学生评价和反馈等方面。只有全面综合考虑这些因素，才能够更好地评价教师的绩效。

教师绩效考核标准的制定，不仅仅是一项管理工作，更重要的是要激励教师不断提高自身的专业水平和教学能力。通过对教师绩效的评估，可以发现教师在教学中的不足之处，帮助他们找到提升自己的方式和方法。同时，也要注重激励机制的建立，让优秀的教师得到应有的认可和奖励，推动整个思政教育工作的不断发展。

在制定教师绩效考核标准的过程中，需要充分倾听教师和学生的意见和建议，确保制定出的标准是科学的、公正的和符合实际的。只有不断完善和改进教师绩效考核标准，才能更好地推动思政教育事业的发展，促进学生全面发展，培养德智体美劳全面发展的社会主义建设者和接班人。

二、加强校园文化建设

高校思政教育是培养学生良好思想道德素质的重要途径，也是高校教育的一项重要任务。为了全面提升学生的综合素质，在思政教育工作中，我们要制定思政教育教学大纲，以明确教育目标和教学内容。同时，我们还需要创新教育形式，打破传统的教学模式，建设互动式教学平台，激发学生的学习兴趣和参与度。强化学生的思想政治引导，加强学生社会责任意识的培养，是思政教育的重要内容。同时，我们要打造思政教育特色品牌，与社会各界合作，共同推动思政教育质量的提升。通过加强校园文化建设，我们可以创建积极向上的校园氛围，营造良好的学习和生活氛围，为学生的全面发展提供有力支持。

高校思政教育是培养学生良好思想道德素质的重要途径，也是高校教育的一项重要任务。在创建积极向上的校园氛围方面，我们还需要注重学生的全面发展。除了思想政治引导和社会责任意识培养外，学校还应该重视学生的身心健康。制定健康教育计划，开展各类体育运动和健康讲座，帮助学生养成良好的生活习惯，增强身体素质，提升心理素养。

学校还可以通过丰富多彩的文化活动来丰富校园文化氛围。举办各类文艺演出、展览、比赛等活动，激发学生的创造力和艺术表现欲，培养他们的审美情趣和文化素养。同时，学校可以引进各种社会资源，邀请专家学者来校园举办讲座和交流，拓宽学生的视野，增加他们的知识储备，激发他们对未来的探索和热情。

在校园文化建设中，学校还应该重视学生的自主管理和参与。建立学生自治组织，让学生参与到学校管理中来，培养他们的领导能力和团队合作精神。通过学生自治组织的活动，让学生感受到自己的价值和责任，增强他们的自信心和责任感。

总的来说，要创建积极向上的校园氛围，学校需要综合利用各种资源，注重全面发展，培养学生的思想道德素质和健康素质，丰富校园文化活动，促进学生的自主管理和参与，让学生在积极向上的氛围中茁壮成长，为将来的社会做好准备。

高校思政教育的发展离不开建设和谐融洽的师生关系。作为论文导师，我们要关注师生之间的相互尊重和信任，建立起一种平等、和谐的关系。只有在这样的氛围中，学生才能更好地接受思政教育的引导，更好地参与到学校的思想政治工作中。

建设和谐师生关系，不仅仅是师生之间的互动，更是一种教育理念的体现。师生之间的互信互助、相互理解和关心师生的工作、生活等方方面面，都是建设和谐师生关系的重要内容。只有在这种和谐的氛围中，学生才能更好地融入学校的教育教学工作中，才能更好地发展自己的综合素质，提升自己的思想政治意识。

建设和谐融洽的师生关系，也需要学校及时调整管理机制，加强师生之间的沟通交流，及时解决师生矛盾和问题，保持良好的师生关系。只有在这样的氛围中，学生才能更好地融入学校的思政教育之中，更好地提升自己的社会责任意识，为未来的社会发展做出积极贡献。通过建设和谐融洽的师生关系，我们可以更好地推动高校思政教育工作的深入开展，为学生健康成长和全面发展提供更好的保障。

在建设和谐融洽的师生关系中，师生之间的相互尊重和信任是至关重要的。师生之间应该相互支持，共同合作，共同成长。只有在这种相互理解和关心的氛围中，师生之间才能真正实现心灵的契合，才能激发学生学习的热情，提升教师的教学效果。同时，学校也需要通过严格的管理机制和有效的沟通渠道，及时解决师生之间可能出现的矛盾和问题，确保校园氛围和谐稳定。

在这种和谐的环境下，学生不仅能够更好地适应学校的教学环境，更能够培养积极向上的品质和社会责任感。他们会更加关注社会动态，增强自身学习能力，提高综合素质，为自己的未来奠定更加坚实的基础。而教师也将更加关注学生的成长，悉心指导他们，传播正确的价值观念，塑造健康的人格品质，为社会培养更多具有社会责任感和创新精神的优秀人才。

通过建设和谐融洽的师生关系，我们可以见证教育事业的美好蓬勃发展，学校的思政教育也将更加深入人心，为学生的全面成长提供更好的保障。师生之间的和谐关系不仅体现了教育理念的高度，更是构建和发展和谐社会的基石。希望在未来的教育实践中，能够不断加强师生之间的交流与合作，构建更加和谐美好的教育环境，激励学生追求卓越，实现自身的人生价值。

三、持续推动教学改革

为了提升高校思政教育的效果，我们需要不断探索和引入创新教学方法。其中之一就是利用现代科技手段，结合线上线下教学，打造互动式教学平台。通过在线讨论、网络课堂、虚拟实验等形式，让学生更加主动参与学习，提高他们对思政教育内容的理解和吸收。

我们还可以尝试制定思政教育教学大纲，规范教学内容和教学进度，确保学生在学习过程中有条不紊地进行知识积累和能力培养。同时，强化学生综合素质培养也是关键，不仅要传授思想政治理论知识，还要注重培养学生的实践能力、创新精神和团队合作意识。

建设思政教育特色品牌也是重要的一环。可以通过举办思政教育主题活动、开展社会实践项目、组织思政讲座等方式，让学校的思政教育工作得到社会的认可和赞誉，从而激发学生的学习热情和社会责任感。

加强与社会各界合作也是提升思政教育效果的重要途径。学校可以与政府部门、企业机构、社会组织等合作，开展共建共享的思政教育项目，让学生在实践中感受到思政教育的深刻内涵，增强他们的社会责任意识和使命感。

总的来说，通过不断探索和实践，引入创新教学方法，构建互动式教学平台，强化学生综合素质培养，加强社会合作，我们就能够不断提升高校思政教育的质量，培养更多符合社会发展需求的优秀人才。愿我们共同努力，推动高校思政教育工作迈上新的高度！

通过创新教学方法的引入，我们可以为学生提供更加丰富多彩的思政教育内容，激发他们的学习热情和社会责任感。比如，可以通过线上线下结合的方式，设计思政教育课程，让学生在轻松愉快的氛围中学习。同时，还可以组织学生参与一些社会实践项目，让他们在实践中体会到思政教育的真谛。举办思政教育主题活动也是一个不错的选择，可以通过多种形式引导学生思考现实社会问题，增强他们的社会责任意识。

除了在校内开展创新教学方法，加强与社会各界的合作也是非常关键的。学校可以与政府部门、企业机构、社会组织等建立合作关系，共同开展思政教育项目，为学生提供更多的实践机会，帮助他们更好地融入社会。通过实践活动，学生可以更深入地了解社会的运作机制，培养他们的团队合作精神和领导能力。

总的来说，只有不断探索创新，引入新的教学方法，加强与社会各界的合作，我们才能不断提升高校思政教育的质量。希望我们能够共同努力，让高校思政教育工作走向更加美好的未来，培养更多符合社会需求的优秀人才。愿我们的努力能够为社会发展贡献一份力量。

为了提高高校思政教育的水平，我们需要不断拓展优质的教育资源。我们可以通过引进优秀的课程资源，为学生提供更加丰富、多样的学习内容。可以邀请国内外知名学者进行学术讲座，引入前沿的思政教育理论和实践案例，让学生接触到更广泛的知识体系，提升他们的学术素养和综合能力。

我们可以积极开发和利用优质的教材资源，确保教学内容科学、全面、深入。教材不仅要符合教学大纲要求，还要能够激发学生的学习兴趣和思考能力。同时，我们还可以开展教材编写和更新工作，根据学科发展和社会需求不断完善和更新教材内容，确保教学内容与时俱进。

优质的师资资源也是提高思政教育水平的关键。通过引进高水平的教师，培养和激励教师队伍，构建一支具有专业素养和教育热情的师资队伍。可以通过开展教师培训、学术交流等活动，提升教师的教学水平和专业素养，同时鼓励教师不断创新教学方法，激发学生学习的积极性。

通过不断拓展优质的教育资源，我们可以提高高校思政教育的水平，为学生提供更好的教育环境和学习资源，培养具有社会责任感和创新精神的优秀人才。希望在未来的发展中，高校思政教育能够不断探索创新，实现更好的发展。

随着时代的发展，高校思政教育的重要性日益凸显。在拓展优质的教育资源方面，除了加强教育内容和师资队伍的建设，我们还可以注重培养学生的综合素养和创新能力。通过开设多样化的思政课程和活动，引导学生树立正确的人生观和社会责任感，使他们在不断学习和实践中成长为具有创造力和担当精神的时代新人。

同时，注重学生的个性发展也是提高思政教育水平的关键之一。每个学生都具有不同的兴趣和特长，高校应该为学生提供更多元化的发展机会，鼓励他们在学习中发挥自己的优势，实现个性化的成长。通过开展社会实践、志愿服务等活动，培养学生的团队合作能力和社会交往能力，使他们在实践中得到锻炼和提升。

高校还可以加强与社会各界的合作，开展产学研深度合作，拓展学生的实践机会和职业发展渠道。通过与企业合作开展实习实践项目，为学生提供更多与社会接轨的机会，让他们在实践中学到专业知识和实际技能，为未来就业和创业打下坚实基础。

高校思政教育的提升离不开优质的教育资源支持、学生个性发展和与社会的紧密联系。希望未来高校能够在思政教育方面不断探索创新，实现更好的发展，培养更多具有社会责任感和创新精神的优秀人才，为建设社会主义现代化国家贡献更多力量。愿高校思政教育的明天更加美好！

为了确保高校思政教育工作的顺利进行和教学质量的提高，加强教学管理和监督机制至关重要。建立完善的教学管理体系是关键。学校可以制定教学管理规定和制度，并建立健全的教学管理机构，明确教学管理的职责和权力，保障教学管理工作的有效开展。

加强对教师队伍的管理和培训是必不可少的。学校可定期组织教师进行思政教育理论培训和教学方法培训，不断提高教师的教学水平和教育教学能力。同时，建立教师评估机制，对教师的教学工作进行定期评估和考核，激励教师积极投入教学工作，提高教学质量。

加强对学生的思想政治引导和管理也是至关重要的。学校可以设立思政教育导师制度，由专门的教师担任学生的思政教育导师，定期开展学生思想政治教育和心理健康辅导，引导学生正确树立正确的世界观、人生观和价值观。

建立健全的教学质量监督机制也是保障教学质量提升的重要手段。学校可以建立学生评教制度和教学质量评估机制，定期对教学质量进行全面评估和监督，及时发现问题并加以整改，不断提高教学质量，保证教学工作的有效开展。

加强教学管理和监督机制，是确保高校思政教育工作的顺利进行和教学质量的提高的关键。只有通过完善的管理和监督机制，才能够保障思政教育工作的质量和效果，培养出德智体美劳全面发展的优秀人才，为国家和社会的发展贡献力量。

加强教学管理和监督是促进高校教育事业健康发展的必然要求。除了设立思政教育导师制度和建立健全的教学质量监督机制外，还可以采取一系列措施来提升教学管理水平。可以加强师资队伍建设，提高教师的教育教学水平和思政教育专业素养。可以加强学生自律教育，培养学生自觉遵守学校规章制度的意识。还可以加强与家长的沟通，建立起师生家长之间良好的互动机制，形成共同关注学生发展的合力。

要加强对教学过程的监督，建立起多方位、全方位的教学质量评估体系。通过定期的教学督导和评估，及时发现问题，促进教师教学水平的提升。同时，要注重教学改革创新，倡导教育教学理念的更新，引入新的教学方法和手段，提高教学质量的多元化。

加强教学管理和监督不仅仅是为了提高教学质量，更是为了培养学生健康成长。在教学管理和监督的基础上，学校可以更好地关注学生的个性发展，激发他们的学习兴趣和创造力，引导他们树立正确的人生观和价值观。通过全社会的共同努力，构建起一个和谐、健康的教育生态，为培养德智体美劳全面发展的优秀人才奠定坚实基础。让教学管理和监督成为推动高校教育事业繁荣发展的重要引擎，为高等教育事业不断迈上新的台阶贡献力量。

为了鼓励教师进行教学创新，高校可以采取一系列措施来提供支持和激励。学校可以设立专门的教学创新基金，用于资助教师开展教学研究项目，购买教学设备，或参加学术会议和培训班。这样不仅可以鼓励教师积极开展教学创新，也可以提升他们的学术水平和教学质量。

学校可以建立定期评比和奖励机制，每学年评选出一些优秀的教学创新案例，并给予相应的奖励和荣誉称号。这样可以激励更多教师参与到教学创新中，形成一种向上的学术氛围。

学校还可以鼓励教师参加教学交流活动，比如组织教学观摩、教学研讨会等，让教师们有机会相互学习、交流经验，促进教学方法的创新和改进。同时，学校还可以邀请国内外知名学者来校进行学术讲座和教学指导，为教师们提供更多的教学启示和思路。

总的来说，高校在思政教育理论与工作探索中，应该重视教师的教学创新，为他们提供支持和激励，促进教学水平的不断提升。只有在教师队伍中培养出一批教学水平高、教育理念先进的优秀教师，才能真正推动高校思政教育工作取得更大的成效，培养出德智体美劳全面发展的优秀人才。

对于教师教学创新的鼓励，学校可以设立奖金和荣誉称号，以激励更多的教师积极参与到教学创新中。学校还可以建立教师教学创新基地，提供教学资源和支持，为教师们的教学创新提供更好的平台和条件。

教师教学创新不仅可以提高教学质量，还可以激发学生学习的兴趣和潜能。因此，学校可以组织评比教学创新成果，将优秀的创新案例分享给全校师生，推动教育教学工作的不断发展和进步。

为了促进教师们的教学创新，学校可以开展教学观摩活动，让教师们有机会去观摩他人的教学实践，借鉴他人的经验和教学方法。同时，学校还可以鼓励教师们参加学术交流活动，比如参加教学研讨会、学术讲座等，提升教师们的学术水平和教学能力。

总的来说，学校应该重视教师的教学创新，为他们提供更多的支持和激励，创造良好的教学创新氛围，推动教育教学事业的不断发展和进步。只有这样，才能培养出更多优秀的教师，提升学校的教学质量，为学生成长和发展奠定更加坚实的基础。

第五章　高校思政教育工作的现状与问题

第一节　高校思政教育工作现状

一、思政教育目标不明确

思政教育工作的现状与问题受到了教育理论模糊的影响，这一模糊的表现主要体现在教育目标的不明确性。在高校思政教育工作中，由于缺乏明确的教育理论指导，导致了教育目标的定位不够清晰，缺乏针对性和有效性。这种模糊的教育理论在实际工作中会导致教育内容的散漫性和实效性的不足，影响了思政教育工作的效果和成效。

因此，对于高校思政教育工作来说，有必要树立并遵循一种清晰、明确的教育理论，以此作为指导思想来开展工作。只有建立起完善的教育理论体系，才能够确保思政教育工作的有效开展并取得具体成果。

为了更好地探索高校思政教育工作的实践路径，我们可以借鉴一些成功的案例或进行相关调研数据的分析。通过这些案例和数据的研究，可以发现教育理论模糊对思政教育工作的影响，同时也可以总结出相应的经验和教训。

例如，某高校在思政教育工作中明确了教育目标，制定了具体的教育计划和措施，并在实践中取得了显著的成效。这表明，明确的教育理论可以为思政教育工作提供有效的指导，促使工作更加有针对性、有计划性，从而提高工作效率和成果。

教育理论的模糊会影响到高校思政教育工作的开展和效果。为了解决这一问题，需要在实践中不断探索和总结，建立科学规范的教育理论体系，为思政教育工作提供更好的指导和支持。只有这样，才能够更好地推动高校思政教育工作的深入发展，为学生提供更加优质的教育资源和服务。

教育内容单一是当前高校思政教育面临的一个主要问题。在很多高校中，思政课程内容主要围绕着传统的思想政治理论知识，学生常常感到枯燥乏味，缺乏实际的指导意义。这种内容单一导致学生的兴趣和动力不足，容易产生抵触情绪，甚至出现逆反心理。

教育内容单一的原因是多方面的，一方面是由于教师队伍结构的问题，思政课程大多由理论知识较为丰富的老师授课，而缺乏实践经验的教师，无法将理论知识与实际情况相结合，导致教育内容单一。另一方面是由于教育管理体制的问题，高校思政教育在一定程度上受到了行政管理的干扰，导致教育内容的单一化，缺乏灵活性和多样性。

教育内容单一的后果是严重的。学生缺乏实际应用的理论知识，无法将所学知识与实际生活相结合，造成了知识的碎片化和孤立化。学生缺乏对新事物的适应能力和创新意识，无法积极参与社会实践活动，缺乏社会责任感和使命感。

针对高校思政教育内容单一的问题，我认为应该采取以下措施来解决。在教师队伍建设方面，建议引入实践经验丰富的专业人士来授课，将理论知识与实践经验相结合，提高教育内容的多样性和灵活性。在教育管理体制方面，建议加强学校对思政教育工作的支持和监督，建立科学合理的管理制度，保障教育内容的多样性和针对性。

总的来说，高校思政教育工作要想取得更好的效果，必须破除教育内容单一的现象，引入多样化的教育内容，真正做到面向未来，培养学生的创新精神和实践能力，为学生的综合发展打下坚实的基础。

在高校思政教育工作中，我们还需要关注学生的个性发展和全面素质提升。为了实现这一目标，可以通过开展丰富多彩的课外活动和社会实践项目，提供更多的机会让学生锻炼自己的领导能力、团队合作能力和创新意识。同时，学校还应该鼓励学生参加各种竞赛和比赛，培养他们的竞争意识和适应能力。

高校还可以通过开设个性化的辅导课程和提供个性化的指导服务，帮助学生更好地发现自己的兴趣和潜力，激发他们的学习热情和创造力。学校可以与企业和社会组织合作，为学生提供实习机会和就业指导，帮助他们更好地融入社会，实现个人发展和社会价值的双赢。

高校思政教育工作需要在教育内容的多样化基础上，更加关注学生的个性发展和综合素质提升。只有通过全方位的教育和培养，才能真正培养出具有创新精神、实践能力和社会责任感的优秀人才，为国家和社会的发展贡献力量。

高校思政教育工作现状，普遍存在思政教育目标不明确、教育手段陈旧等问题。思政教育作为高校教育的重要组成部分，应该是培养学生全面发展的重要途径。然而，目前许多高校在实施思政教育工作时，却存在着目标不明确的情况。教育手段陈旧也是当前高校思政教育工作的一个瓶颈，随着社会的发展和进步，传统的教育方式已经无法满足学生多样化、个性化的需求，需要采用更加灵活、多样化的教育手段来达到教育效果。希望高校思政教育能够及时调整工作方向，更新教育理念，不断完善工作机制，为学生成长成才提供更好的支持和保障。

教育手段的陈旧对高校思政教育工作造成了一定的阻碍，只有不断更新教育手段，才能更好地满足学生的需求。随着科技的不断进步，我们可以借助先进的技术手段，如互联网、智能设备等，为思政教育注入新的活力和动力。通过线上教学、虚拟实验室等新型教学方式，可以更好地激发学生的学习兴趣，培养他们的创新思维和实践能力。

思政教育的目标也需要更加清晰和明确。高校应该明确思政教育的核心任务，强调培养学生的社会责任感、民族精神和人文素养，促进学生全面发展。在实施思政教育工作时，要注重培养学生的思辨能力和判断力，引导他们树立正确的人生观和价值观，成为德智体美全面发展的社会栋梁。

为了更好地推动高校思政教育工作的发展，我们需要不断探索创新，积极借鉴国内外先进的教育理念和经验，不断完善思政教育的体系和机制。只有这样，才能更好地适应社会的变化和发展，为学生成长成才提供更为有力的支持和保障。希望高校能够紧跟时代的步伐，不断提升思政教育的水准和质量，为培养优秀的社会主义建设者和接班人做出更大的贡献。

二、教师队伍短缺

高校思政教育工作中存在着教师队伍短缺的问题，这也导致了教师素质普遍不高的情况。教师作为高校思政教育工作的主要开展者和推动者，其素质直接关系到思政教育工作的质量和效果。目前，一些高校存在着教师队伍不足的现象，导致了一部分教师超负荷工作，缺乏足够时间和精力去提高自身的专业水平和教学能力。一些教师虽然数量充足，但其专业素质和教学水平并不高，缺乏创新意识和教育理念，难以适应高校思政教育工作的要求，影响了思政教育的深入开展和有效实施。因此，高校需要加强对教师队伍的建设和培养，提升教师的整体素质和专业能力，以更好地推动高校思政教育工作的发展和进步。

高校思政教育工作中存在教师素质不高的问题，是一大挑战。教师队伍的短缺导致了一些教师在超负荷工作的情况下，无法充分提升自身的专业水平和教学能力。除此之外，也有一些教师队伍虽然数量较多，但其专业素质和教学水平并不尽如人意，缺乏创新意识和适应高校思政教育工作要求的能力，这无疑给思政教育工作带来了一定程度的影响。

为了解决这一问题，高校需要采取积极的措施，加强对教师队伍的建设和培养。高校可以加大对教师的培训力度，提供更多的专业发展机会和资源支持，帮助教师不断提升自身的教学水平和专业素质。高校可以通过建立有效的评价机制，激励教师积极参与学术研究和教学改革，引导他们拥有更多的创新思维和教育理念。高校还可以加强对教师的引导和指导，帮助他们更好地理解和适应高校思政教育工作的需求，提升整体教师素质和专业能力。

只有通过持续不断的努力和改进，高校才能更好地推动思政教育工作的发展和进步。教师作为高校思政教育工作的中坚力量，其素质的提升将直接影响到思政教育工作的质量和效果。相信在高校和教师的共同努力下，教师队伍的素质将不断提高，思政教育工作将迎来更好的发展前景。

高校思政教育工作现状中存在着教师队伍短缺的问题，导致思政教育流于形式。教师队伍短缺不仅影响了思政教育工作的开展，也阻碍了学生的价值观培养和思想政治觉悟的提升。如果不能有效解决教师队伍短缺的问题，高校思政教育工作将无法取得实质性的成效，容易陷入“面子工程”和“形式主义”的怪圈。思政教育工作的流于形式，使得在思想政治教育理论与实践中产生了一定的隔阂，影响了教师和学生之间的互动与交流，导致思政教育的实效性受到质疑。要想真正做好高校思政教育工作，就必须认真解决教师队伍短缺的问题，推动思政教育走向深入，落实到学生的思想和行动中去，做到身教言教相结合，真正做到以人为本，塑造德智体美劳全面发展的社会主义建设者和接班人。只有如此，高校思政教育工作才能取得实质性成果，为培养德智体美劳全面发展的社会主义建设者和接班人奠定坚实基础。

教学资源不足是当前高校思政教育工作中一个比较突出的问题，这不仅体现在课程设置不合理、教材教法过时等方面，更主要的体现在教师队伍短缺。一方面，高校思政教育工作需要具有很高的理论素养和实践经验的师资队伍来确保教学质量，但目前存在着师资不足的情况，导致教学资源无法充分利用。另一方面，教育资源的匮乏也会直接影响到学生的学习效果和思想教育的实施效果。在这种情况下，我们需要认识到教育资源的不足并采取相应措施来加强高校思政教育工作，以提高教学效果和促进学生思想道德素质的全面发展。

在高校思政教育工作中，教师队伍是至关重要的环节。他们不仅需要具备扎实的专业知识，还需要关怀学生、引导学生，教书育人。然而，当前师资队伍短缺的情况下，教师们面临着巨大的工作压力，无法充分发挥自己的教学能力。因此，我们需要加大对师资队伍的培训力度，提升他们的教学水平和思政教育能力，以更好地满足学生的需求。

同时，教育资源的匮乏也直接影响到学生的学习效果。缺乏先进的教学设备和教学资源，学生们无法充分接触到前沿知识和技术，限制了他们的学习发展。因此，高校需要加大对教育资源的投入，更新教学设备，拓展教学资源，为学生提供更好的学习条件。

教育资源不足是当前高校思政教育工作中一个亟待解决的问题。只有加强师资队伍建设，提升教学水平，增加教育资源投入，才能更好地促进高校思政教育工作的开展，提高教学质量，实现学生思想道德素质的全面发展。这需要学校、教师和学生共同努力，共同为教育事业的发展贡献自己的力量。

在高校思政教育工作中，教师队伍的短缺是一个亟须解决的问题。与此同时，学生的参与度也呈现出较低的态势。面对这一现状，我们需要认真思考如何提高教师队伍的素质和数量，以及如何激发学生的参与热情，促进高校思政教育工作的全面发展。高校思政教育工作的现状需要引起重视，只有通过深入分析和全面探讨，才能找到有效的解决之道。

在高校思政教育工作中，教师队伍的短缺问题一直备受关注。教师队伍的素质和数量直接影响到思政教育工作的开展和效果。然而，除了教师队伍的问题外，学生的参与度也是一个不容忽视的方面。在现今高校思政教育工作中，学生参与度低迷已成为一个普遍存在的现象。

学生参与度低的表现形式多种多样。有的学生在课堂上缺乏积极性，对思政教育课程缺乏兴趣；有的学生对社会实践活动缺乏热情，参与度不高；还有一些学生对思政教育工作的重要性认识不足，缺乏主动性和参与意识。这种情况下，要想有效地推动高校思政教育工作的全面发展，就需要找到适合激发学生参与热情的方法和策略。

鼓励学生参与需要综合发力。一方面，学校可以通过设置丰富多彩的活动，吸引学生的眼球，让他们愿意参与其中；另一方面，教师队伍也要发挥积极作用，通过引导和激励，帮助学生树立正确的思政教育观念，增强参与的自觉性。家庭和社会的支持也是至关重要的，家长和社会应当共同关注学生的思政教育参与情况，共同努力营造良好的参与氛围。

提高学生的参与度不仅是对思政教育工作的要求，更是对学生综合素质和社会责任感的培养。只有学生参与度提高了，思政教育工作才能更有生机，取得更好的效果。希望在未来的工作中，高校能够更加关注学生的参与度，为思政教育工作的全面发展提供有力支持。

高校思政教育工作现状，教师队伍短缺、面对挑战不足。在当前形势下，高校思政教育工作面临着人才短缺的困境，教师队伍不足的现象越发凸显。这种状况下，思政教育工作难以做到全面覆盖，一些重要环节可能无法得到有效执行。同时，挑战的不足也使得教育工作难以在思想引领、价值观塑造等方面取得显著成效。需要高校及教育部门加强管理，有序引进更多优秀专业人才，以应对当前人才短缺的困境。

在高校思政教育工作中，人才短缺的困境对于教师队伍的培养和选拔提出了更高要求。在当前形势下，高校需要注重加强对教师队伍的管理与培训，提升他们的专业素质和教学水平。只有如此，才能保证思政教育工作能够全面覆盖，并确保重要环节能够得到有效执行。同时，需要高校及教育部门加强对教师队伍的引进和选拔工作，有序引入更多具有专业能力和教学经验的人才，以增强教育工作的整体实力。在挑战不足的情况下，高校应该积极拓宽思政教育的人才来源渠道，引导更多优秀专业人才参与到思政教育事业中来，共同为学生的思想引领和价值观塑造贡献力量。只有如此，才能使思政教育工作在思想引领和价值观塑造等方面取得更加显著的成效，为培养德智体美劳全面发展的社会主义建设者和接班人奠定坚实基础。

三、教育评估体系不完善

高校思政教育工作现状中，教育质量难以评判是一个不可忽视的问题。当前教育评估体系不完善，使得教育质量评判变得模糊不清。这种情况下，教育工作者和管理者往往无法准确了解教育的成效，也难以对教育工作进行有针对性的改进和提升。教育质量的评判不仅需要有科学可靠的评估体系，还需要有客观的标准和方法。只有如此，才能确保高校思政教育工作朝着正确的方向前进，真正实现其育人目标。

在当今高校思政教育工作中，教育质量评判困难的问题一直备受关注。当前，教育评估体系的不完善导致了教育质量评判的模糊性，这使得教育工作者和管理者难以了解教育成效，也难以有效改进和提升教育工作。为了确保高校思政教育工作朝着正确的方向前进，实现其育人目标，我们需要建立科学可靠的评估体系，制定客观的评价标准和方法。只有通过全面、深入的评估，才能发现问题、改进教育工作，并最终提高教育质量。教育质量评判还需要充分考虑不同学生的个性特点和成长需求，制定个性化教育方案，提供个性化学习支持。同时，教育质量评判还应结合当下社会的发展需求，培养符合时代要求的人才，满足社会对高素质人才的需求。教育质量评判不是一次性的事情，而是需要持续监测和调整的过程。只有不断改进评估体系，完善教育质量评判标准，教育质量才能得到有效提升，高校思政教育工作才能更好地为学生的全面发展和社会的进步做出贡献。

在当前高校思政教育工作中，教育效果并不明显。学生参与思政教育活动的积极性不高，缺乏深入思考和理解，思政教育课堂上出现了教师讲学生听的现象。教师在思政教育过程中缺乏多样化的教学方法和有效的引导，学生对于思政教育内容的理解和接受程度不够。在实际操作中，缺乏有效的评估机制，无法客观地评估学生的思政教育效果，导致思政教育工作的成效不明显。思政教育的目的在于引导学生正确树立世界观、人生观和价值观，但当前的思政教育工作存在着一定的问题和挑战。需要进一步完善教育内容和方法，建立科学的评估体系，提高学生参与度和思政教育效果，为高校思政教育工作的深入发展提供更好的保障。

高校思政教育工作现状下，教育成果不可量化的问题一直存在。学生在思政教育过程中获得的知识、价值观、思想意识等方面的成果往往难以用数字来衡量。这种成果的不可量化使得评估教育的有效性变得困难，也影响了教育工作的质量和效果。在当前教育体系中，缺乏科学的方法来评估学生在思政教育中的成长和进步，使得教育工作无法得到有效的反馈和改进。如果不解决教育成果不可量化的问题，将会阻碍高校思政教育工作的发展和提升水平。

在高校思政教育工作中，教育成果不可量化的难题一直困扰着教育者。学生在思政教育中所获得的成果，包括对社会责任的认识、对传统文化的理解和对自身发展的规划等方面，都无法用简单的数字加以衡量。这种不可量化的教育成果，使得教育评估变得模糊不清，也难以准确地评判教育工作的成效。当前的教育体系中，缺乏科学有效的评估方法，导致学生在思政教育中的成长和进步难以真实反映。如果不能解决这一问题，将会影响高校思政教育工作的提升和发展，甚至可能导致教育质量的下降。因此，教育者需要不断探索适合的评估方法，以确保学生在思政教育中的全面提升和成长，推动高校思政教育工作的深入发展。

第二节 高校思政教育工作问题

一、思政教育走向泛化

高校思政教育工作现状并不完善，教育评估体系存在诸多问题，无法全面客观地评估学生思想政治教育的效果。在实际工作中，思政教育已经走向泛化，流于表面的现象愈发严重。随着社会的不断发展，高校思政教育工作亟待改进，更加深入地引导学生掌握思想政治理论知识，增强思想政治素养。只有通过深化评估体系、细化工作内容，才能更好地推动高校思政教育工作的发展，培养更多德智体美劳全面发展的社会主义建设者和接班人。

高校思政教育的现状确实存在一定的问题，教育内容流于表面，这给学生的发展带来了一定的隐患。为了更好地引导学生掌握思想政治理论知识，高校应该加强教育评估体系的建设，确保评估的全面客观性。思政教育工作也需要更加深入，不能只是停留在表面，而是要注重深入挖掘学生的思想潜力，促使他们更好地理解和应用理论知识。

随着社会的不断发展，高校思政教育工作亟待改进，需要进行实质性的变革。除了加强评估体系和深化工作内容外，更需要注重培养学生的思想政治素养，使他们成为德智体美劳全面发展的社会主义建设者和接班人。只有通过全面的教育内容和系统化的思政教育体系，才能真正推动高校思政教育工作的全面发展，为培养更多优秀的青年人才做出积极贡献。

因此，高校应该注重思政教育工作的质量和效果，不断完善教育体系，提升教育水平，为学生提供更加优质的思想政治教育。只有这样，才能真正实现高等教育的价值，为建设社会主义现代化强国培养更多的有志之士。

高校思政教育工作现状，教育评估体系不完善，这导致高校思政教育工作的问题日益凸显。思政教育走向泛化，教育目标虚无的意味也在其中逐渐显现。这些问题需要我们认真思考和解决，以推动高校思政教育工作朝着更加健康和有效的方向发展。

二、思政教育缺乏互动

高校思政教育工作现状和问题的分析表明，教育评估体系存在不完善的情况。同时，思政教育缺乏互动，学生被动问题日益凸显。针对当前形势，高校论文导师需要深入思考教育评估体系的建设和完善，以及如何提升思政教育的互动性，引导学生积极参与，提高其主动性和思辨能力。只有这样，高校思政教育工作才能更好地发挥作用，促进学生成长成才，为社会发展做出更大贡献。

在当前高校思政教育工作中，学生被动问题的凸显，确实给教育评估体系的建设和完善带来了挑战。为了更好地引导学生参与思政教育，提高他们的主动性和思辨能力，论文导师们需要展开更深入的思考和行动。

教育评估体系的不完善，需要高校各方共同努力完善和改进。我们可以通过建立更加严谨和科学的评估标准，以确保学生得到全面的思政教育。应该加强对教育评估结果的跟踪和反馈机制，及时发现问题并做出调整。

思政教育的互动性需要进一步提升。导师们可以开展更多形式多样的互动教学活动，如讨论课、小组讨论、辩论赛等，激发学生的兴趣和积极性。通过促进师生之间的互动和交流，可以有效地提高学生的思辨能力和自主学习的动力，让他们更加主动地参与到思政教育中来。

高校论文导师需要不断探索和创新教育方法，以更好地引导学生积极参与思政教育。导师们可以在教学中融入更多案例分析、实践活动和跨学科知识，让学生在实际中体验和实践所学的理论知识。同时，鼓励学生思考问题的深度和广度，培养其独立思考和批判性思维能力，从而更好地应对未来挑战。

通过以上一系列的努力和探索，我们相信高校思政教育工作能够更好地发挥作用，促进学生成长成才，为社会发展贡献更大力量。让我们共同努力，为高校思政教育的改革和发展添砖加瓦。

高校思政教育工作现状不容忽视，教育评估体系的不完善，正是制约着高校思政教育工作发展的重要问题所在。思政教育工作面临着亟待解决的挑战，一方面因为缺乏与学生的有效互动，另一方面由于前后端的脱节现象严重，使得教育工作难以顺利推进。解决这些问题，必须要对高校思政教育工作进行深入的调研和探索，寻求切实可行的改革与措施，以促进教育工作的良性发展。

面对高校思政教育工作中前后端脱节的问题，我们需要深入思考并采取有效的措施。可以通过建立更加完善的师生互动机制，搭建起师生之间更加紧密的联系和沟通渠道。可以加强学生与思政教育课程之间的联系，增加思政教育课程的实践性和针对性，使学生更加积极参与其中。在评估体系上，需要进行全面的优化和调整，加强对教育工作的监督和评估，确保思政教育工作能够有效地开展。同时，要重视前端教育与后端实践的结合，建立联动机制，确保思政教育工作能够全面推进。需要各个学校和教育部门共同努力，形成合力，共同促进高校思政教育工作的健康发展，为培养德智体美劳全面发展的社会主义建设者和接班人做出积极贡献。只有不断改进和完善高校思政教育工作，才能更好地适应当前时代的需求，推动我国高等教育事业不断前行。

高校思政教育工作现状和问题的一大短板，就在于缺乏思政教育的互动性。学校往往只是呈现一种单向的灌输模式，而缺乏师生之间真正的互动和对话。这种对话缺失导致学生们很难真正参与到思政教育活动中，无法充分发挥自身的主体性和创造性。教师们也很难了解学生们的真实想法和需求，无法及时调整教学方式和内容，使教育过程变得僵化和呆板。

面对现状，我们必须意识到对话的重要性，只有通过有效的对话和互动，才能真正引导学生们积极参与到思政教育中来。应该鼓励学生们开展思想碰撞和讨论，促使他们自主思考和提出问题，帮助他们形成独立的思考能力和分析能力。同时，教师们也要倾听学生们的声音，尊重他们的反馈和建议，不断完善思政教育的内容和形式，使之更贴近学生的需求和实际。

只有加强思政教育的互动性和对话性，才能更好地促进学生的全面发展和思想素质的提升。希望学校和教师们能够意识到这一问题的严重性，积极采取措施，改进教育方式，推动高校思政教育工作朝着更加开放和民主的方向发展。只有这样，才能真正实现高校思政教育工作的全面升级和优化。

对话缺失带来的僵化和呆板已经成为当前高校思政教育工作中亟待解决的一个重要问题。只有通过促进学生与教师之间的互动和对话，才能确保思政教育工作朝着更加民主和开放的方向发展。在这个过程中，学校和教师们扮演着至关重要的角色。

学校需要建立起一个积极倡导对话和互动的教育氛围，让学生们感受到自己在学校中拥有发言权和表达权。通过组织各种形式的讨论会、座谈会和互动活动，让学生们有机会畅所欲言，表达自己的看法和想法。同时，学校也应该提供必要的支持和指导，帮助学生们更好地进行对话和沟通。

教师们应该成为对话和互动的引领者和组织者。他们需要倾听学生的声音，尊重他们的想法，引导他们进行深入的思考和讨论。教师们应该注重引导学生提出问题、提出建议，帮助他们培养批判性思维和创新精神。同时，教师们也应该不断反思和改进自己的教学方式，使之更符合学生的需求和实际。

学校和教师们还应该注重对对话和互动效果的评估和反馈。通过定期的调研和问卷调查，了解学生对思政教育工作的看法和评价，及时调整和改进工作重点和方式。只有通过持续不断的努力和改进，才能真正实现高校思政教育工作的优化和升级，使之更好地服务于学生的全面发展和成长。

随着社会的不断发展和进步，高校思政教育工作面临着许多问题。其中，教育评估体系不完善是一个较为突出的问题，导致着整个思政教育工作的发展受到一定的影响。在实际工作中，思政教育缺乏互动是一个不容忽视的问题，难以真正引导学生思考和参与其中。同时，观念的僵化也是一个亟待解决的问题，制约着思政教育工作的深入推进和有效发挥作用。在面对这些现状和问题时，我们需要深入思考、总结经验教训，不断改进完善工作机制，以推动高校思政教育工作的健康发展和持续进步。

随着社会的不断发展和进步，高校思政教育工作面临着更多复杂的挑战。教育评估体系的不完善，导致了高校思政教育的效果难以衡量和评估，制约了教育工作的深入开展。同时，思政教育缺乏互动也使得学生参与度不高，难以激发他们的兴趣和热情。观念的僵化更是一个严重的问题，使得思政教育变得呆板和陈旧，难以适应当下社会的需求和挑战。

要解决这些问题，需要高校思政教育工作者思考新的路径和方法。教育评估体系需要进行全面的改革和完善，确保评估指标科学合理，能够真实反映教育工作的效果。思政教育需要更加注重互动和交流，建立起师生之间密切的联系和沟通，使得教育更具温度和人文关怀。最重要的是要打破观念的固化，教育工作者需要不断更新自己的观念和认识，与时俱进，以更加积极的态度去引导和启发学生的思考，促使他们形成积极向上的人生观和价值观。

通过深入思考并总结经验教训，高校思政教育工作者可以不断改进和完善工作机制，推动思政教育工作向着更加健康和有活力的方向发展。只有如此，高校思政教育才能更好地适应时代的要求，为培养德智体美全面发展的社会主义建设者和接班人做出更大的贡献。愿思政教育工作者们齐心协力，为高校思政教育事业的繁荣昌盛而不懈努力!

高校思政教育工作的现状是教育评估体系不完善。而高校思政教育工作面临的问题包括思政教育缺乏互动和教师角色传统。教师在思政教育工作中扮演着重要角色，但传统的教师角色在现代社会中是否仍然适用，需要进行深入的思考和探讨。

在高校思政教育工作中，教师在起着重要的作用。然而，随着社会发展和教育改革的不断推进，传统的教师角色是否还适用成为了一个需要深入探讨的问题。传统上，教师被视为权威的知识传授者，他们在课堂上传授知识，引导学生进行思考，并扮演着思想引导者的角色。然而，随着信息技术的迅猛发展和教育理念的更新，学生获取知识的途径变得更加多样化，他们不再仅仅依赖于传统的课堂教学。因此，教师在思政教育工作中需要更加关注学生的需求和特点，并积极创新教学方式和方法。

教师角色的转变也需要更多的专业知识和技能。传统的教师角色注重知识传授和学生管理，而在现代社会中，教师还需要具备跨学科知识和教学技巧，以适应多元化和综合性教育的需求。教师需要不断提升自身的综合素质，包括批判性思维能力、团队合作能力和信息技术应用能力，以更好地适应思政教育工作的要求。教师还应该注重自我反思和专业发展，积极参与教育评估和教学改进，不断提高自身的教育水平和专业素养。

在思政教育工作中，教师的角色不仅局限于知识传授和思想引导，更需要承担起促进学生全面发展的责任。教师应该成为学生的引路人和榜样，引导他们树立正确的人生观和价值观，培养他们的创新精神和综合能力，促进他们的成长和进步。因此，在思政教育工作中，教师的角色需要不断调整和完善，以适应现代社会的发展和教育改革的需求。只有不断提升自身素质和适应新的教育要求，才能更好地发挥教师在思政教育工作中的重要作用。

三、思政教育缺乏情感

师生之间的距离，是高校思政教育工作中面临的一大问题。在现实中，师生之间的距离往往被认为是必要的，但过大的师生之间的距离也可能会对思政教育工作造成不利影响。师生之间应当建立起一种亲密而又尊重的关系，只有这样才能更好地促进学生的全面发展。面对这一问题，我们需要认真对待并积极探索解决方法，以便更好地推进高校思政教育工作的发展。

高校思政教育工作现状：教育评估体系不完善。高校思政教育工作问题：思政教育缺乏情感，学生压力大。在当今社会，高校思政教育工作的现状颇为令人担忧，主要表现在教育评估体系不完善，无法全面客观地评价思政教育的成效。而在教育工作者眼中，最大的问题莫过于思政教育缺乏情感，缺乏真挚的情感表达和引导，让学生无法真正深刻地理解和接受思政教育的内涵。同时，学生的压力也日益增大，他们面临着来自学业、生活和社会等多方面的压力，这也给思政教育工作者增加了不小的困难。要想解决这些问题，我们需要不断完善教育评估体系，注重情感教育，关注学生的心理健康，以及采取有效措施减轻学生的压力，为高校思政教育工作的发展注入新的活力。

在当今社会，高校思政教育工作的现状确实存在一些问题，而学生压力的增大更是引起了人们的关注。学生们承受着巨大的学业压力，不断追求优秀成绩的同时，还要应对社交压力和生活压力。这些压力随时影响着他们的情绪和行为，使得思政教育的工作更加具有挑战性。

从心理健康的角度来看，学生的良好心理状态是思政教育工作成功的前提。因此，如何更好地关注学生的心理健康，帮助他们有效应对压力，成为了思政教育工作者亟待解决的问题。可以通过增设心理咨询服务，举办心理健康讲座等形式，给予学生更多的情感支持和指导。

在思政教育中注重情感教育的重要性也不可忽视。在传授知识的同时，要引导学生树立正确的人生观和价值观，培养他们的情感认知和情绪管理能力。只有让学生真切感受到思政教育的温度和关怀，才能激发他们的内在动力，更好地接受和理解思政教育的内涵。

同时，高校思政教育工作也需要与时俱进，不断探索适合当代学生特点和需求的教育模式。借助现代科技手段，可以设计多样化的教学方法和活动形式，提高思政教育的趣味性和吸引力。只有不断创新，才能更好地引导学生，使他们能够在压力和挑战面前保持坚强和积极。最终，思政教育工作者要紧紧围绕学生需求，真正做到以人为本，不断探索助力学生成长的有效途径，为高校思政教育工作注入新的活力和动力。

高校思政教育工作现状确实存在着教育评估体系不完善的问题。而在高校思政教育工作中，一个相当重要的问题便是思政教育缺乏情感。在当今社会，年轻人在面对各种挑战和压力时，往往缺乏情感支持和情感宣泄渠道。可是，情感宣泄渠道又缺失，导致很多学生在情感上找不到出口，甚至产生消极情绪和行为。这种情况对于高校思政教育工作来说，是一个不容忽视的问题。因此，我们迫切需要重视情感教育，关注学生的情感需求，建立健全的情感宣泄渠道，为学生提供情感支持和指导。这不仅有助于学生的情感健康成长，也有助于提升高校思政教育工作的质量和效果。愿我们共同努力，为高校思政教育的发展贡献一份力量。

高校思政教育工作现状不容忽视，教育评估体系不完善，给整个教育环境带来了一些不利因素。同时，在高校思政教育工作中也存在一些问题，比如思政教育缺乏情感，教育氛围也显得有些混乱。这些问题对于高校思政教育工作的推进和发展都带来了一定的困扰和挑战。希望通过对高校思政教育工作现状和问题的探索，能够更好地促进高校思政教育工作的蓬勃发展。

教育氛围混乱，不仅影响了学生的学习积极性，也使得教师们在进行思政教育工作时感到困惑。学生们对于思政教育的重要性缺乏认识，导致他们对于学习的质量和深度并不重视，只是形式主义地完成任务。教育氛围的混乱也让教师们在进行课堂教学时难以引导学生正确的价值观念，无法让他们真正理解国家的发展需要和社会责任。

除此之外，教育氛围混乱也在一定程度上影响了学生之间的相互交流和合作。在这样的环境中，学生们更容易产生攀比和攻击的心态，导致校园里存在着各种各样的不利因素。缺乏正向的教育氛围，也让学生们在校园中形成了各自的小圈子，难以形成全校共同发展的良好氛围。

因此，要改善高校的教育氛围，不仅是教育部门的责任，也需要全社会的关注和参与。只有建立起良好的教育氛围，才能促进高校思政教育工作的蓬勃发展，培养出更多具有社会责任感和创新能力的优秀人才。希望通过各方共同努力，使得高校的教育环境更加清朗，为学生们的成长提供更好的保障和支持。

高校思政教育工作现状，教育评估体系不完善。在高校思政教育工作中存在一些问题，比如，思政教育缺乏情感，过于程序化。思政教育应该更加注重学生内心的感受和情感体验，而不仅仅是机械地执行程序。只有这样，高校思政教育工作才能更好地为学生发展提供支持和指导，真正起到育人的作用。希望未来高校思政教育工作能够更加关注学生的情感需求，更加人性化地进行教育实践，让学生真正感受到思政教育的正能量。

四、思政教育发展缓慢

高校思政教育工作现状是教育评估体系不完善，导致思政教育工作问题的存在。思政教育发展缓慢，面临教育投入不足的困境。只有通过加大对思政教育工作的投入，完善教育评估体系，才能推动高校思政教育工作的全面发展。

高校思政教育工作现状不容乐观，教育评估体系不完善，这导致了思政教育工作的问题并没有得到及时的反馈和处理。思政教育作为高校教育的重要组成部分，却在实际操作中面临着诸多困难和挑战。思政教育的发展缓慢，很多高校缺乏长期规划和有效措施，只是敷衍了事，没有真正将思政教育与学生的日常学习生活结合起来，导致了教育效果并不显著。

教育效果不显著的意思，是指目前高校思政教育工作的成效并不太明显，缺乏实际的推动力和持续的引导，学生们对思政教育的重要性和意义认识不足，缺乏对其深层次的认知和理解，思政教育所应取得的社会效果和影响还有待进一步提升和改善。高校思政教育工作亟待进行深化和完善，必须加强对思政教育工作的理论研究和实践探索，切实关注学生思想政治教育的需求和发展趋势，推动高校思政教育工作迈上新台阶。

高校思政教育工作的不显著性，实质上反映出了当前高校思政教育存在的诸多问题和挑战。教育缺乏系统性和深度，往往停留在表面性的传授和灌输，没有真正引导学生形成正确的世界观、人生观和价值观。思政教育内容单一，缺乏创新性和吸引力，难以引起学生的浓厚兴趣和主动参与，限制了教育效果的发挥和实现。再者，思政教育形式单一，过分依赖传统的课堂讲授和口头宣讲，缺乏多样性和灵活性，无法适应学生多元化的需求和发展。思政教育评价机制不健全，往往只重视结果而忽略过程，导致教育效果无法全面评估和反馈，难以形成长效机制和良性循环。要解决这些问题，高校需要加强教师队伍建设，培养具有高素质的思政教育专家和骨干教师，提升教育质量和水平；创新教育内容和形式，拓展思政教育领域和途径，增加教育吸引力和实效性；建立健全教育评价体系，完善评价指标和方法，确保对教育过程和结果全面监控和改进。只有通过持续不断的努力和改进，高校思政教育工作才能取得实质性成果，为学生成长成才提供坚实支撑和保障。

改革的步伐缓慢、改革举措不够彻底，是当前高校思政教育中存在的主要问题之一。一方面，高校思政教育的改革需要深刻洞察社会发展的需求和学生的现实情况，但是由于各高校之间的差异性及政策限制等原因，改革的推进过程缓慢。另一方面，一些高校在进行思政教育工作时，仍停留在传统的模式之中，缺乏创新意识和改革动力，导致改革举措不够彻底，难以真正满足学生的需求。

这种教育改革不够有力的现象对高校思政教育工作产生了严重影响。思政课程的内容和形式相对滞后，无法及时跟上社会的发展和变化，难以引导学生树立正确的世界观、人生观和价值观。教师队伍建设不够完善，一些思政教育工作者在理论水平、教学方法等方面存在短板，无法有效地开展思政教育工作。再者，学生的参与度和反思意识较低，很多学生对思政课程持消极态度，缺乏对思想政治教育的认同和重视，导致教育效果不佳。

为了解决这些问题，高校需要加强对思政教育工作的重视，推动教育改革的深入发展。应该建立健全教育评估体系，定期对思政教育工作进行评估和调查，及时发现问题并采取有效措施加以改进。高校要坚持问题导向、目标导向，通过制定具体的改革方案和政策文件，明确改革的目标和路径，推动思政教育工作向着更加科学、规范的方向发展。要加强教师队伍建设，提高教师的业务水平和思政教育的实际能力，为学生提供更加优质的教育服务。

高校思政教育工作需要在改革方面有所突破，加快改革的步伐，增强改革的力度，以更好地适应社会发展的需要，提高思政教育的质量和效果，引领学生健康成长成才。

在推动教育改革的过程中，高校还需要注重对学生的个性化培养，激发他们的学习积极性和创造力。应该加强师生之间的沟通和互动，建立良好的师生关系，使学生在学习中能够得到更多的关爱和指导。同时，高校也需要不断完善课程设置，更新教学内容，提升教学质量，以适应社会变革和发展的需求。

要重视学生的实践能力和创新思维的培养，引导学生积极参与社会实践和科研活动，培养他们的创新精神和实践能力。同时，高校还应该积极开展多种形式的教育活动，拓宽学生的视野，提高他们的综合素质和社会适应能力。最重要的是，高校需要不断加强对学生思想政治教育的引导，注重培养学生正确的人生观、价值观和社会责任感，使他们成为德、智、体、美全面发展的社会栋梁。

高校教育改革缺乏力度已成为当前亟待解决的难题。只有通过加强对思政教育的重视，完善教育体系建设，促进师生之间的密切互动，培养学生的实践能力和创新思维，才能真正提高教育质量，推动教育事业的不断发展和进步。希望高校能够认真思考这些问题，积极采取措施，为教育改革注入新的活力与动力。

政策支持对于高校思政教育工作的重要性不言而喻。政策支持可以为高校提供指导方向和保障条件，促进思政教育工作的深入开展和顺利推进。然而，目前政策支持在一定程度上存在着不足之处。

政策支持的针对性不够。现行的思政教育政策多为宏观性、原则性的文件，缺乏具体的操作指导和细化措施，往往难以直接转化为实际行动。这导致了一些高校在思政教育工作中存在执行困难和操作问题，影响了工作效果。在实践中，需要更加具体、可操作的政策支持，使之更符合高校思政教育工作的实际需求。

政策支持的实施层面不够深入。政策文件发布之后，如何有效地贯彻执行和监督落实，是现阶段政策支持中的一个关键问题。一些高校在思政教育工作中存在“形式主义”和“官僚主义”倾向，缺乏深入细致的工作实践和对政策支持的有效运用。这就需要政策制定者和执行者加强沟通协调，建立健全的政策执行机制和监督体系，确保政策支持能够真正落到实处，发挥应有的作用。

这种情况对思政教育工作带来的影响是显而易见的。一方面，政策支持不够具体和针对性，导致高校思政教育工作难以有的放矢，工作效果难以评估和提升；另一方面，政策支持的实施层面不够深入，容易导致工作的“走过场”，不能真正地落实到具体的教学活动和学生思想引领中。这些问题都制约了高校思政教育工作的发展，影响了学生的思想政治素质培养和全面发展。

因此，为了更好地推动高校思政教育工作的理论探索和实践创新，我们需要进一步完善政策支持体系，提升政策支持的针对性和实施层面深度，促进高校思政教育工作向更高水平迈进。希望政策制定者和高校思政教育工作者共同努力，为高校思政教育工作的蓬勃发展而持续奋斗！

政策支持不够是高校思政教育工作面临的一个现实挑战。在当前形势下，必须认真思考如何突破这一困境，使思政教育工作能够更好地发挥其应有的作用。

我们需要深入挖掘政策支持的内在需求，从根本上解决其不足之处。这需要政策制定者和高校思政教育工作者共同努力，加强沟通与合作，找出问题的症结所在，并提出切实可行的解决方案。只有这样，政策支持才能真正贴近实际需求，为高校思政教育工作提供更加有力的支持。

我们需要加大政策支持的力度。通过制定更加具体、有针对性的政策文件，明确高校思政教育工作的发展方向和目标，推动各项工作落到实处。只有政策支持真正贴近实际需求，才能为高校思政教育工作提供更加有力的支持。

我们还需要注重政策支持的有效实施。政策支持的落实方面要做到精准、到位，确保各项政策得以落实，高校思政教育工作得以有效推进。只有这样，思政教育工作才能取得实质性进展，学生的思想政治素质才能得到全面培养。

政策支持不够是高校思政教育工作面临的一大挑战，但只要我们共同努力，加强政策制定和实施，相信高校思政教育工作必将迎来更加美好的未来。愿我们能够携手并进，为推动高校思政教育工作发展而不懈努力！

当前，高校思政教育在社会上的认可度不足是一个普遍存在的问题。社会对思政教育的认知水平普遍偏低，很多人认为思政教育只是一种形式主义的教育活动，缺乏实质性的内容。因此，很多人对思政教育工作持怀疑态度，认为其实效性较低。社会对思政教育工作的重视程度不足，很多人把思政教育当作一种附属品，而非高校教育的重要组成部分。这种认可不足导致了思政教育工作长期处于边缘化地位，缺乏足够的资源和支持，限制了思政教育的深入发展。

社会认可度不足对思政教育工作产生了诸多负面影响。思政教育工作缺乏舆论支持，很难引起社会的广泛关注和认同，影响了思政教育对学生的感召力和教育效果。由于社会对思政教育的认可度不足，思政教育工作往往缺乏持续性和稳定性，难以形成制度化的教育体系，影响了思政教育的长期效果和可持续发展。最重要的是，社会认可度不足可能会导致高校思政教育工作失去方向和动力，无法有效地引导学生树立正确的人生观、价值观和世界观，影响了大学生的综合素质和人格培养。

为了提升高校思政教育在社会上的认可度，我们需要采取一系列措施。要加强对思政教育的宣传和解释，深入推进思政教育的理念和内涵，使社会更加了解思政教育的重要性和意义。要推动高校思政教育与社会实践、职业发展等方面的深度融合，增强社会对思政教育的认可度和信任度。同时，高校也需要加强对思政教育的研究和实践，不断提升思政教育的质量和效果，为社会认可度的提升提供有力支撑。

提升高校思政教育在社会上的认可度是当前思政教育工作亟待解决的问题。只有通过各方共同努力，推动思政教育的全面发展和深入实施，才能真正实现高校思政教育工作的目标和使命。

第三节 高校思政教育工作探索

一、制定明确的教育目标

为了更好地推动高校思政教育工作，制定明确的教育目标是至关重要的一步。在这个过程中，设立具体的教育指标是必不可少的。我们需要深入了解学生的成长需求和社会发展需求。通过调研和分析，我们可以确定学生所需掌握的知识、技能和态度，以及社会对于高校毕业生应具备的素质标准。

根据这些需求因素，我们可以制定具体的教育指标。这些指标应当是具体可量化的，能够通过数据和实际表现来进行评估和检验。例如，学生成绩提高的比例、参与社会实践的次数、参加思政教育活动的时长等，都可以成为教育指标的一部分。

教育指标的设立需要充分考虑到学生的个体差异性。不同专业、不同年级、不同背景的学生在思政教育方面的需求会有所不同，因此我们需要针对性地制定不同的教育指标，以满足每位学生的成长需求。

在设立教育指标的过程中，我们还需要注重与教师和学生的沟通与互动。教师和学生是教育活动的主体，他们对于教育目标和指标的理解和支持至关重要。因此，在制定教育指标时，我们应该充分听取教师和学生的意见和建议，确保教育目标的合理性和可操作性。

总的来说，设立具体的教育指标可以帮助高校思政教育工作更加有针对性和有效性。通过对学生的成长需求和社会发展需求的研究，我们可以为高校思政教育工作制定科学合理的目标和标准，从而推动高校思政教育工作的持续发展和提升。

在制定教育指标的同时，我们需要考虑到学生的个体差异性。每个学生都有自己独特的学习需求和成长轨迹，因此在设计具体的教育指标时，需要充分考虑到这些个体差异的存在。不同专业、不同年级、不同背景的学生可能会有不同的认知方式和学习风格，针对性地制定教育指标可以更好地帮助他们实现自身的成长目标。

与教师和学生的密切沟通也是非常关键的。教师是学生的引路人，他们深谙教育之道，了解学生的需求和成长状况。与教师进行沟通可以帮助我们更好地把握教育的方向和目标，确保教育指标的科学性和实用性。同时，学生作为教育的受益者，他们的意见和建议同样至关重要。通过与学生的互动，可以更好地了解他们的需求和想法，从而设计出更符合实际情况的教育指标。

总的来说，设立具体的教育指标是高校思政教育工作的基础和核心。只有通过科学合理的教育指标，我们才能更好地引导学生成长，推动高校思政教育工作不断发展和提升。因此，在制定教育指标的过程中，我们需要充分考虑学生的个体差异性，与教师和学生进行密切沟通，确保教育目标的有效性和可操作性。这样才能更好地实现高校思政教育工作的目标和使命。

对于高校思政教育工作来说，建立科学的评价体系是至关重要的。科学的评价体系可以借助各种数据和指标来客观地评估教育工作的成效，帮助高校了解思政教育工作的实际情况，及时发现问题和做出改进。科学的评价体系可以促进高校思政教育工作的规范化和持续发展，有利于形成长效机制，确保思政教育工作始终沿着正确的方向前行。

建立科学的评价体系需要遵循一定的构建原则，包括科学性、全面性、公正性和操作性等。评价体系应该是科学的，即评价指标要科学可靠，能够客观反映教育工作的实际情况；评价体系应该是全面的，要综合考量学生的知识、能力、素质等多个方面；评价体系应该是公正的，要确保评价过程公开透明，公平公正；评价体系应该是操作性强的，便于高校实际操作和指导决策。

具体来说，科学的评价体系应该包括多方面的内容，如学生综合素质评价、教师教学水平评价、课程质量评价、教育教学管理评价等。通过对这些内容的评价，可以全面地了解高校思政教育工作的质量和效果，为高校改进教育工作提供有力支持。

科学的评价体系对思政教育工作的促进作用主要体现在以下几个方面：一是可以激励各方主体不断提高工作水平，促进教师和学生的共同发展；二是可以帮助高校及时发现问题，及时调整教育工作方向，确保教育工作的质量和效果；三是可以推动高校思政教育工作的改革和创新，促进教育工作的不断发展。

建立科学的评价体系是高校思政教育工作的重要保障，只有通过科学的评价体系，才能真正落实思政教育的使命和责任，为培养德智体美劳全面发展的社会主义建设者和接班人做出积极贡献。希望各高校能够重视评价体系的建设，不断完善和提升思政教育工作水平，为国家和社会培养更多优秀人才。

二、注重学生参与和互动

为了促进学生的思辨能力，高校思政教育工作需要注重教学设计和方法。一种有效的方式是通过案例分析。通过真实案例的讲解和讨论，可以让学生深入了解问题的本质，培养学生的分析和解决问题的能力。在案例分析中，教师可以引导学生分析案例中的利弊、原因和影响，激发学生的思考，使他们能够客观、全面地看待问题，从而培养出独立思考和批判性思维能力。

另一种有效的方式是通过讨论课。在讨论课中，学生可以就某一主题展开深入的讨论，分享自己的见解和想法。通过多角度的交流和碰撞，可以激发出不同的思考和观点，使学生能够从多元化的角度思考问题，培养出批判性思维和逻辑推理能力。讨论课还可以培养学生的团队合作能力，通过协作共事，学生可以学会尊重他人意见、有效沟通和互助合作，既锻炼了个人能力，又培养了集体精神。

总的来说，高校思政教育工作的探索需要不断借鉴和探索新的教学方法和手段，注重学生参与和互动，促进学生的思辨能力。通过案例分析、讨论课等形式的实践，可以引导学生主动思考问题、积极探索解决问题的方法，培养学生的独立思考和批判性思维能力，使他们能够在现实生活中做出符合道德规范和社会价值观的正确选择。高校思政教育工作的持续发展离不开对教学方法的探索和创新，只有不断适应时代发展的需求，才能更好地为学生思想道德素质的提高和全面发展提供保障。

在高校思政教育工作中，建立学生教师互动平台是至关重要的一环。通过开设学生意见箱、定期召开学生座谈会等方式，实现学生教师之间的有效互动，可以有效地促进高校思政教育工作的深入开展，增强学生的参与感和归属感。

开设学生意见箱是一种简单而有效的方式，学生可以在意见箱中留下自己对思政教育工作的建议和意见。学校可以定期对意见箱中的留言进行整理和回复，及时了解学生的诉求和需求，及时调整和改进思政教育工作方向，提高工作实效性。

定期召开学生座谈会也是一种重要的方式。在座谈会上，学生可以直接与教师进行面对面的交流，畅所欲言自己的看法和建议。教师也可以通过座谈会了解学生的思想动态和心理需求，及时发现问题并进行有针对性的调整。通过这种直接的互动方式，可以促进学生教师之间的理解和信任，增强思政教育工作的实效性和针对性。

建立在线互动平台也是一种现代化的方式。学校可以开设线上平台，如论坛、微博等，让学生和教师在虚拟空间中进行互动交流。学生可以通过这些平台提出问题和意见，教师也可以及时回复和解答，构建起一个便捷的沟通桥梁。这种方式不受时间和空间的限制，可以更广泛地覆盖学校师生，促进思政教育工作的全面推进。

建立学生教师互动平台是高校思政教育工作中不可或缺的一部分，只有通过加强学生和教师之间的互动交流，才能更好地促进思政教育工作的深入开展，培养学生的正确思想观念和价值观，为他们的人生道路提供指引和帮助。希望学校在今后的思政教育工作中，能够更加重视学生教师之间的互动，为学生成长成才提供更好的保障和支持。

通过建立在线互动平台，学校可以为师生提供一个新的沟通和交流渠道。在这个虚拟空间中，学生可以随时随地与教师进行互动，提出问题、分享观点、展示学习成果，而教师也能够及时回应、指导和激励学生。这种即时的互动交流，不仅可以促进师生之间的情感联系，也有助于师生共同探讨问题、学习知识，共同成长。

通过在线互动平台，学校可以更全面地了解学生的需求和想法，及时发现问题并加以解决。同时，教师也能够更好地指导学生，引导他们树立正确的人生观和价值观。通过这种沟通方式，学校可以更加及时地回应学生的关切和需求，为他们提供更贴心的教育服务。

因此，建立学生教师互动平台不仅是一种现代化的方式，更是高校思政教育工作中的重要环节。在这个虚拟空间中，师生之间的联系将更加紧密，学生的学习动力也将得到更好的激发。希望学校能够不断完善和拓展这种互动平台，为学生成长成才提供更广阔的空间和更多的可能性。通过互动平台的建立和应用，学校的思政教育工作必将迎来更加美好的未来。

在高校思政教育工作的探索中，加强家庭教育支持显得尤为重要。家庭是孩子成长的第一课堂，家庭教育对于塑造学生的思想道德观念具有至关重要的影响。因此，高校思政教育工作需要与家庭教育相结合，共同推动学生全面发展。加强家庭教育支持，可以有效弥补高校思政教育工作的不足，促进学生思想道德素质的提升。

家庭教育支持可以在校园中构建良好的家校互动机制，促进学校、家庭和社会三方面的有效沟通和合作。通过家庭教育支持，可以在课堂教学之外提供更多的机会和平台，让学生在家庭中得到更多的教育和指导。同时，家庭教育支持也可以激发学生学习的兴趣和动力，帮助他们更好地理解和接受思政教育的内容和精神。

加强家庭教育支持还可以在学校中建立家长学校和家庭教育指导中心等机构，为家长提供专业的教育培训和指导服务。通过这些途径，可以提升家长的教育水平和教育意识，使家长能够更好地引导和教育孩子，共同关注学生的思想道德教育和成长问题。加强家庭教育支持，是高校思政教育工作的一个重要方面，也是为了构建更加完善的思政教育体系而不可或缺的一环。通过家庭教育支持，可以更好地发挥高校思政教育工作的作用，促进学生全面发展和健康成长。

加强家庭教育支持，不仅可以促进学生在家庭中的教育和指导，还可以帮助他们更好地理解和接受思政教育的内容和精神。在家庭教育支持的框架下，家长可以更加关注和引导孩子的学习和成长，为他们营造一个积极的学习氛围。同时，家庭教育支持可以让学校和家庭之间建立起更加紧密的联系，形成良好的教育合作机制。

家庭教育支持的实施还可以通过开展家长学校和家庭教育指导中心等活动，为家长提供相关的教育培训和指导服务。这样一来，家长们可以更加了解孩子的学习需求和心理状态，有针对性地进行教育引导。家庭教育支持不仅是一种教育方式，更是一种家庭教育理念的传递和实践，促进了学生的全面发展和个性塑造。

在加强家庭教育支持的过程中，高校思政教育工作将得到更好的发挥和落实。家庭教育支持的推广可以让高校的思政教育内容更贴近学生现实生活，更加深入人心。同时，将家庭纳入到思政教育工作的范围中，可以使孩子在家庭和学校之间得到更全面的关怀和教育，实现了校家共育的目标。

加强家庭教育支持是思政教育工作的必然选择。通过家庭教育支持的不断优化和深化，我们可以更好地促进学生的全面发展和健康成长，为构建更加完善的思政教育体系贡献力量。愿家庭教育支持成为教育事业中永不褪色的一道风景线，为学生成长的道路上添一份温馨与关爱。

三、关注学生情感体验

高校思政教育工作探索的重要性日益凸显，其中关注学生情感体验、创设温馨教育环境显得尤为关键。当前，高校思政教育工作中存在着教育评估体系不完善等问题，导致思政教育发展缓慢。因此，我们应该重视学生的情感体验，创设一个温馨的教育环境，为高校思政教育工作的进一步提升探索新途径。在这个过程中，要注重培养学生的情感素质，引导学生树立正确的世界观、人生观和价值观，促进学生全面健康成长。同时，加强师生之间的沟通与信任，营造和谐的人际关系，为学生成长提供良好的社会情感支持。教师要以身作则，以爱心和耐心引导学生，激发他们的学习热情和创造力。在这样的温馨教育环境中，学生的思想将更加开放，更有利于思政教育工作的深入开展。通过不断探索，高校思政教育工作将会在学生的情感体验和教育环境创设方面取得更加显著的成效，为培养德智体美全面发展的社会主义建设者和接班人做出更大贡献。

在创设温馨教育环境的过程中，我们需要重视学生的情感体验，使他们在学习和成长中感受到温暖和关爱。这种关怀不仅仅是口头上的安慰，更应该是行动上的支持和引导。教师们要发挥榜样的作用，通过自身的言行举止，引导学生正确树立世界观、人生观和价值观，帮助他们建立健康的心理和情感状态。同时，师生之间的沟通和信任至关重要，这样才能建立和谐的师生关系，让学生在轻松融洽的氛围中学习和成长。

在温馨的教育环境中，教师们应该用爱心和耐心对待每一个学生，激发他们的学习热情和创造力。只有通过真诚的关怀和支持，才能让学生在教育中感受到真正的成长和进步。同时，这种温馨的教育环境也会使学生的思想更加开放，更有利于思政教育工作的深入。通过不断的探索和实践，我们相信高校思政教育工作必将取得更加显著的成效，培养出更多德智体美全面发展的优秀人才，为建设社会主义事业贡献自己的力量。

只有在温馨的教育环境中，学生才能获得真正的成长和发展，才能在未来的社会中做出更大的贡献。我们应该共同努力，创造出更加温馨、和谐的教育氛围，让每一个学生都能享受到教育的快乐和收获。这样，高校思政教育工作才能真正实现其使命，为社会主义建设培养出更多更好的接班人和建设者。

在当前高校思政教育工作中，教育评估体系存在不完善的情况。而高校思政教育工作也面临着发展缓慢的问题。为了解决这些问题，我们需要关注学生情感体验，并增加情感宣泄途径。这样可以更好地促进高校思政教育工作的发展，让学生在情感上得到更好的支持与呵护。希望通过这种思路的探索，可以为高校思政教育工作的改进和提升提供更多有益的思路和方法。

在当前高校思政教育工作中，教育评估体系存在一定的不完善，导致思政教育的发展受到一定的影响。同时，高校思政教育工作也存在着发展缓慢的问题，迫切需要采取探索性的措施来加以解决。因此，通过关注学生情感体验，并提供心理健康支持，可以有效促进高校思政教育工作的深入发展。致力于构建一个更加健康、积极的思政教育环境，为广大学生的成长和发展提供有益的支持与指导。

在当前高校思政教育工作中，为了有效地推动思政教育的深入发展，我们需要重点关注学生的情感体验，并提供相应的心理健康支持。心理健康支持是至关重要的，因为学生们在学习和成长过程中可能会遇到各种挑战和困难，而良好的心理状态可以帮助他们更好地应对这些问题，并更积极地参与思政教育活动。

为了提供有效的心理健康支持，我们可以采取多种措施。建立一个专业的心理辅导团队，他们可以定期为学生提供个性化的心理咨询服务。可以开展各类心理健康教育活动，增加学生们对心理健康的认识，提高他们的心理素质。可以建立一个相互扶持的学生社群，让学生们在困难时能够互相支持、鼓励和帮助彼此。同时，高校也可以加强与心理健康机构的合作，为学生提供更专业的心理咨询和治疗服务。

通过提供心理健康支持，我们可以构建一个更加健康、积极的思政教育环境，为广大学生的成长和发展提供有益的支持与指导。只有在心理健康的基础上，他们才能更好地参与思政教育活动，更全面地发展自己的个人素质。因此，我们应该不断努力，不断改进我们的心理健康支持体系，以确保每一位学生都能在健康的心理状态下度过他们在高校的时光，实现个人价值和成长。

高校思政教育工作探索的重要内容之一就是关注学生情感体验。在传统教育中，学习往往被看作是一种严肃的事情，学生的情感体验往往被忽视。然而，学生的情感体验对于学习的效果具有非常重要的影响。因此，关注学生情感体验，让学生在学习中感受到快乐、幸福是高校思政教育工作中的一项重要任务。

建立快乐学习氛围是高校思政教育工作探索的一个重要方向。通过创造有趣、轻松的学习氛围，让学生在学习中感到快乐和愉悦，可以更好地激发学生的学习兴趣和潜力，提高他们的学习效果。快乐学习氛围还可以促进学生之间的合作与交流，培养学生的团队精神和创新能力，为他们未来的发展打下良好的基础。

通过关注学生情感体验，建立快乐学习氛围，高校思政教育工作可以走出现有的瓶颈，更好地实现教育的目标和使命。这是高校思政教育工作中的一项重要探索，也是提升教育质量和水平的重要途径。希望在未来的工作中，高校可以更加重视学生情感体验，创造更加愉快、轻松的学习氛围，为学生的全面发展提供更加有力的支持和保障。愿高校思政教育工作能够不断取得新的突破，为教育事业的发展贡献力量。

在建立快乐学习氛围的过程中，高校可以通过丰富多彩的教学活动和课堂设计来激发学生的学习热情，让他们在轻松愉快的氛围中享受到学习的乐趣。同时，学校还可以通过组织各种形式的文化艺术活动和体育竞赛，培养学生的综合素质和团队合作精神，为他们未来的发展奠定坚实的基础。

高校还可以通过建立心理健康教育体系，关注学生的心理成长和情感需求，帮助他们建立积极的心态和健康的人际关系。通过开展心理辅导和心理咨询活动，高校可以帮助学生解决心理困扰，增强心理调适能力，促进他们健康成长。

在师生互动方面，高校可以鼓励教师与学生之间建立更加密切的联系，促进信息沟通和思想交流。通过开展师生座谈会、班会和学术讨论等活动，高校可以拉近师生关系，增进师生之间的感情认同，为学生提供更多的学术指导和人生引导。

总的来说，建立快乐学习氛围是高校思政教育工作的重要方向之一，也是提升教育质量和学生成长的有效途径。通过关注学生情感体验，创造愉快、轻松的学习环境，高校可以为学生的全面发展和未来成就奠定坚实基础，推动教育事业不断向前发展。愿高校在未来的工作中能够不断创新探索，为学生提供更好的教育支持，助力他们成长成才。

第六章　高校思政教育的未来发展方向

第一节　加强理论研究和创新

一、深入探讨思政教育的本质和目的

思政教育的核心理念是培养学生的社会责任感和使命感，引导他们自觉践行社会主义核心价值观，树立正确的世界观、人生观和价值观。通过深入的教育和引导，唤起学生爱国爱党、忠诚诚信、求真务实、清正廉洁的思想意识，让他们始终保持初心，走好每一步前行的路。促使学生树立正确的价值取向，秉持正确的行为准则，培养学生的综合素质和核心竞争力，培养他们成为社会主义建设者和接班人。深入探讨思政教育的本质和目的，促进教育教学工作朝着更加严肃、深入的方向发展，扎实推进德育工作，切实增强学生的思想政治觉悟和道德素养，为实现中华民族伟大复兴的中国梦凝聚起更加强大的精神力量。

思政教育的核心理念是教育学生树立正确的道德观念和行为准则，引导他们在成长过程中树立正确的人生目标和追求。通过树立正确的世界观和人生观，教育引导学生明白自己的责任和使命，培养他们对社会的责任感和担当精神。为了使学生始终保持初心，走好每一步前行的路，思政教育需要深入引导学生树立正确的行为准则和价值取向，坚守道德底线，勇于担当社会责任。

思政教育的本质在于促使学生自觉践行社会主义核心价值观，培养他们成为有理想、有道德、有文化、有纪律的社会主义建设者和接班人。在教育教学工作中，需要严肃认真地进行德育引导，通过教育的力量激发学生的爱国情怀，增强他们的思想政治觉悟和道德素养。只有如此，才能为实现中华民族伟大复兴的中国梦凝聚更加强大的精神力量。

思政教育既是一种教育理念，也是一种育人方式。要深入理解思政教育的目的，从根本上引导学生形成正确的人生观和价值观，促进学生的综合素质和核心竞争力的提升。只有通过思政教育的实践，才能让学生在未来的社会生活中胸怀大志，勇往直前，为国家的繁荣富强贡献自己的力量。愿思政教育的火种在每一个学生心中生根发芽，绽放出道德的光芒，让他们成为新时代的优秀建设者和使命传承者。

高校思政教育作为高校教育的重要组成部分，一直被高度重视。当前，全面从严治党的要求下，高校思政教育更显得尤为重要。加强对思政教育的理论研究与创新，成为当前高校思政教育的发展方向之一。理论研究的深入可以为思政教育提供更为坚实的理论基础，为其实践工作提供更为有力的指导。

深入探讨思政教育的本质和目的，是理论研究的重要方向之一。只有深入理解思政教育的本质和目的，才能更好地实施思政教育工作。思政教育的本质是培养德智体美劳全面发展的社会主义建设者和接班人，其目的在于提高学生的思想道德素质，引导他们树立正确的世界观、人生观和价值观。只有认清思政教育的本质和目的，才能使思政教育工作更具针对性和有效性。

思政教育的发展路径尤为关键，在理论研究与实践探索中，探索出一条适合高校特点和时代要求的思政教育发展路径，是当前的紧迫任务。只有找准发展路径，才能推动思政教育事业迈上新的台阶。在这一过程中，需要结合高校实际，借鉴国内外先进经验，充分发挥高校思政教育的优势，使思政教育工作更具深度和广度，更好地为培养德才兼备的社会主义建设者和接班人服务。

思政教育的发展路径既需要找准方向，又需要注重方法与手段。高校在探索适合自身特点和时代要求的道路时，应该深入挖掘教育资源，注重跨学科融合，开展多元化的思政教育活动。同时，要结合学生的实际需求，精心设计教育方案，激发学生的学习兴趣和主动性，使思政教育更具针对性和吸引力。

在实施过程中，高校可以通过建设课程体系、开展主题教育活动、推动校园文化建设等多种途径，全方位提升学生的综合素质。高校还应注重师生互动，加强师资队伍建设，培养一支高水平的思政教育团队，不断提高师生互动质量，增强教育效果。

在推动发展路径的同时，高校还应积极倡导家校共育，促进思政教育全方位发展。家庭是学生成长的第一课堂，高校应该与家庭密切合作，共同引导学生健康成长。通过家长会、家访等形式，加强家长对学生的思想教育工作的参与，形成学校、家庭、社会共同育人的良好氛围。

思政教育的发展路径不仅是高校教育事业的当务之急，也是培养德才兼备的社会主义建设者和接班人的根本保障。只有在全社会共同努力下，深化思政教育改革，找准发展路径，才能真正实现教育事业的崭新突破，培养出更多优秀的社会主义建设者和接班人。

二、推动思政教育理论体系建设

高校思政教育理论体系建设是当前教育改革的重要内容之一，对于提高大学生的综合素质和思想道德水平具有重要意义。加强理论研究和创新，推动思政教育理论体系建设，建立完善的思政教育理论框架，有助于解决教育领域中存在的问题和挑战。只有不断地深化思政教育理论研究，不断地创新教育教学模式，才能更好地引导学生树立正确的世界观、人生观、价值观，培养德智体美劳全面发展的社会主义建设者和接班人。通过建立完善的思政教育理论框架，可以更好地激发大学生的学习热情和创新精神，提高他们的综合素质和竞争力，培养更多具有国际视野和社会责任感的高素质人才。

近年来，高校思政教育在我国教育体制改革中逐渐受到重视，其未来发展方向需要加强理论研究和创新，推动思政教育理论体系建设。在此背景下，探索创新思政教育理论研究方法显得尤为重要。通过不断探索和实践，可以不断完善思政教育理论体系，为高校思政教育的发展提供理论支撑和指导。

加强理论研究和创新能够帮助高校思政教育理论更加系统和科学，更好地指导实践工作。推动思政教育理论体系建设，可以使思政教育理论更加贴近实际，更有针对性地解决高校思政教育面临的问题和挑战。而探索创新思政教育理论研究方法，则可以拓宽思政教育理论研究的思路和方法，使其更具前瞻性和创新性，为高校思政教育的未来发展打下坚实基础。

当前，高校思政教育正处于转型升级的关键时期，需要不断完善和创新思政教育理论，才能更好地适应时代发展的需求和高校思政教育改革的要求。通过探索创新思政教育理论研究方法，可以为高校思政教育的未来发展提供新的思路和路径，推动高校思政教育不断向前发展，为培养德智体美劳全面发展的社会主义建设者和接班人做出更大贡献。

三、提升思政教育实践水平

近年来，随着社会风气的日益开放和多样化，高校思政教育理论与工作的探索也逐渐受到了更多关注。为了更好地适应时代发展的需求，高校思政教育实践课程建设显得尤为重要。在这方面，加强理论研究和创新是至关重要的，只有通过不断前沿研究和创新理念，才能带来更加深入和实际的教育效果。同时，提升思政教育实践水平也是必不可少的，只有在实践中不断摸索和磨炼，才能够更好地将理论知识转化为实际行动，使学生受益匪浅。加强思政教育实践课程建设，不仅是为了增强学生的思想道德素养，更是为了推动整个社会的道德水平不断提高，促进社会和谐稳定的发展。在未来的工作中，我们将不断努力，深入研究，不断完善思政教育实践课程，为学生提供更好的教育资源和服务，助力他们成为德智体美劳全面发展的社会栋梁。

要加强对高校思政教育的理论研究和创新，不断探索新的理论框架和研究方法，以适应当今社会发展的需求。同时，努力提升思政教育实践水平，不断完善实践活动的内容和形式，使之更符合学生的需求和现实社会的需求。推进思政教育实践活动多样化，不断丰富活动内容，拓展活动形式，提升活动的参与度和影响力，实现真正的育人效果。通过不断的探索和实践，推动高校思政教育的发展，为培养德才兼备、适应社会发展需求的人才做出积极贡献。

在当前高校思政教育的发展过程中，强化思政教育实践效果评估显得尤为重要。只有通过对思政教育实践效果进行科学评估，才能够更好地发现问题、总结经验、提出改进方案，从而不断提升思政教育的有效性和实效性。强化思政教育实践效果评估，既是对思政教育工作的一种监督和检查，也是对思政教育目标的一种量化和具体化。

而如何强化思政教育实践效果评估呢？要建立健全的思政教育实践效果评估体系，明确评估的指标体系和评估的方法路径，确保评估工作科学、客观、全面。要注重评估结果的运用，及时将评估结果反馈到思政教育实践中，促进工作的创新和提升。同时，还应该加强评估的透明度和公正性，让全社会都能够了解评估的过程和结果，增强社会监督和参与。

在未来的高校思政教育发展中，强化思政教育实践效果评估将成为关键的一环。只有不断完善思政教育的评估机制，才能够更好地服务于高校学生的全面发展，提升思政教育的质量和水平。希望广大高校能够重视思政教育实践效果评估的工作，把思政教育工作推向一个新的高度，为培养德智体美劳全面发展的社会主义建设者和接班人做出积极贡献。

第二节　创新教学模式和方法

一、推动互联网 + 思政教育发展

在当前高校思政教育的发展中，加强理论研究和创新是至关重要的。通过不断深化理论探讨，可以更好地指导实践工作，推动思政教育的有效开展。同时，提升思政教育实践水平也是必不可少的重要任务。只有将理论与实践结合起来，才能真正做到取长补短，提高工作水平。

创新教学模式和方法也是推动高校思政教育发展的一项关键举措。随着时代的不断发展，教学方法也需要与时俱进，创新教学方式，激发学生学习的热情，提高教学效果。推动互联网 + 思政教育发展是当下的必然趋势，通过信息技术手段，拓展思政教育的传播渠道，提升教育的普及性和实效性。

创新思政教育网络平台建设也是高校思政教育的一项重要任务。借助网络平台，可以实现资源共享、交流互动，打破地域限制，促进高效的教学与学习。只有不断创新平台建设，才能更好地服务于思政教育的发展，推动高校思想政治工作向更高水平迈进。

高校思政教育的发展离不开创新和改革的支持。在推动高校思政教育发展的过程中，需要不断挖掘和发展新的教育理念，探索适合时代发展的教育模式。同时，也需要关注学生的个性化需求，注重培养学生综合素质，提高他们的创新能力和实践能力。而推动互联网 + 思政教育发展，则需要加强对网络安全问题的管理，确保网络平台的正常运行和信息的安全传输。

高校还应当加强师资队伍建设，注重教师的教学能力和思政教育的专业化水平，提升他们的教育水平和授课质量。同时，需要激励和引导教师积极参与教育教学改革，推动高校思政教育朝着更加科学和有效的方向发展。

要想实现高校思政教育的长远发展，还需建立健全的质量评估体系，不断监测和评估教育教学工作，发现问题并及时进行调整和改进。只有如此，高校思政教育才能真正做到与时俱进，不断提高自身的办学水平和教育质量，为培养德智体美全面发展的社会主义建设者和接班人做出积极贡献。

在当前高校思政教育领域，引入新技术促进思政教育改革已经成为一个重要的发展趋势。新技术的运用不仅可以提高教学效率，还可以丰富教学形式，激发学生的学习兴趣。通过引入新技术，可以更好地满足不同学生的学习需求，实现个性化教学。同时，新技术还能够为思政教育注入更多活力和创新力，打破传统的教学模式，开拓教育的新领域。在互联网 + 时代，新技术的应用不仅可以推动教育方法的改革，还可以为思政教育提供更广阔的发展空间。通过不断探索和实践，结合新技术的发展趋势，高校思政教育能够更好地适应时代的需求，为培养德智体美劳全面发展的社会主义建设者和接班人做出更大贡献。

在当前高校思政教育领域，引入新技术促进思政教育改革已经成为一个重要的发展趋势。新技术的应用不仅提高了教学效率，还为思政教育注入了更多的活力和创新力。随着科技的不断发展，数字化、智能化等新技术逐渐渗透到教育领域，为教育带来了无限可能。通过引入新技术，教学形式得以丰富，教育理念得以深化，学生的学习兴趣也得以激发。

借助虚拟现实技术，思政课堂可以变得更加生动有趣；借助大数据分析技术，可以更好地了解学生的学习习惯和需求，实现个性化教学；借助在线教育平台，学生可以随时随地进行学习，打破了传统教育的时间和空间限制。新技术的引入不仅为传统教学模式注入了新的元素，也为思政教育带来了更大的创新空间。

在互联网+时代，高校思政教育需要与时俱进，不断拓展教育的新领域，探索适应时代发展的教育方式。只有不断追随科技的发展步伐，将新技术与思政教育相结合，才能更好地培养出全面发展的社会主义建设者和接班人。思政教育的改革与创新，需要借助新技术的力量，不断提升教育质量，促进学生全面发展，为建设社会主义现代化国家贡献力量。愿我们在新技术的引领下，共同开创高校思政教育改革发展的新篇章！

二、建设多元化的思政教育课程体系

思政教育一直是高校教育的重要组成部分，随着社会的不断发展和变化，思政教育的内容和形式也需要不断创新和完善。为了更好地培养学生的思想道德素养和社会责任感，高校应该加强理论研究和创新，不断探索适合当代大学生的思政教育模式。同时，提升思政教育的实践水平也至关重要，只有通过具体的实践活动，学生才能真正将所学知识转化为行为准则。

在教学方面，创新教学模式和方法是必不可少的。传统的思政教育方式已经不能完全满足学生日益增长的学习需求，因此需要不断尝试新的教学手段，激发学生的学习兴趣和潜能。建设多元化的思政教育课程体系也是至关重要的，不同类型的课程可以帮助学生全面发展，形成系统的思想观念和道德品质。

发展跨学科思政教育课程可以帮助学生更好地理解社会现实和全球发展趋

势，提升他们的综合素养和批判思维能力。通过跨学科的课程设置，可以打破学科间的界限，促进知识的整合和交叉传播，培养学生的综合能力和跨学科思维能力。总的来说，未来高校思政教育的发展方向是多元化、创新化和跨学科化的，只有不断进步和探索，才能更好地适应时代的需求，培养出更加优秀的社会主义建设者和接班人。

面对学生日益增长的学习需求，我们需要不断尝试新的教学手段，激发学生的学习兴趣和潜能。建设多元化的思政教育课程体系至关重要，不同类型的课程可以帮助学生全面发展，形成系统的思想观念和道德品质。发展跨学科思政教育课程能够帮助学生更好地理解社会现实和全球发展趋势，提升他们的综合素养和批判思维能力。通过跨学科的课程设置，可以打破学科间的界限，促进知识的整合和交叉传播，培养学生的综合能力和跨学科思维能力。

在未来的高校思政教育发展中，多元化、创新化和跨学科化是发展的必然趋势。学校需要积极引入前沿学科知识，结合社会热点和实践案例，构建具有实践性和导向性的跨学科思政教育课程。同时，学校还应该着力培养学生的综合能力和团队合作意识，使他们具备解决实际问题的能力和担当社会责任的意识。

跨学科思政教育课程的发展还需要教师的支持和参与。教师应当具有跨学科的知识视野和教学方法，能够引导学生跨越学科边界，展现不同学科之间的联系和互补。只有教师不断提升自己的跨学科思维能力，才能更好地开展跨学科思政教育课程，推动学生的全面发展和综合素养的提升。

因此，高校应当积极探索和实践跨学科思政教育课程的发展之路，为学生提供更加丰富多彩的学习体验，培养他们成为具有综合能力和创新思维的社会栋梁。只有不断推进思政教育的改革与创新，才能更好地适应时代的需求，让学生在面对未来的社会挑战时能够胸怀信仰、热爱祖国、热爱人民，为实现中华民族伟大复兴的中国梦而努力奋斗。

对于高校思政教育的未来发展方向，我们需要着力加强实践教学环节。实践教学是思政教育的重要组成部分，通过实践教学可以让学生在实际操作中学习理论知识，增强实践能力和解决问题的能力。强化实践教学环节可以使学生更好地理解和应用所学的思政理论知识，培养学生的综合素质和创新精神。同时，实践教学也能够提升学生的实践能力和实际工作能力，为他们未来的社会实践和职业发展打下坚实的基础。因此，建设多样化、具有特色的实践教学环节，将是高校思政教育未来发展的重要方向。

高校思政教育的未来发展方向将会更加注重加强理论研究和创新，通过不断地探索和发展新理论，提升思政教育的深度和广度。同时，为了提升实践水平，需要不断积累和总结实践经验，加强与社会实践的结合，使思政教育更加贴近实际需求。在教学方面，创新教学模式和方法是不可或缺的，可以借鉴和引进先进的教学理念和方法，提高教学效果和学生参与度。建设多元化的思政教育课程体系也是重要的一步，使学生在接受思政教育时能够选择更符合自身特点和需求的课程。推广翻转课堂等教学模式是必不可少的，这将有助于激发学生的主动学习能力，提高他们的自主学习意识和能力。通过以上种种努力，高校思政教育的未来发展将更加全面和多元化，为学生的综合素质提升和个性发展提供更好的保障。

在当前高校思政教育的发展中，推广翻转课堂等教学模式的实施至关重要。通过倒置传统的教学方式，让学生在课堂上成为知识的主体，能够更好地深化对学习内容的理解和运用。这种教学模式的实施不仅可以提高学生的学习参与度，还可以培养学生的自主学习意识和能力。在翻转课堂中，学生们将更多地通过自主思考和合作学习来获取知识，从而激发他们的创新潜力和学习动力。

除了推广翻转课堂等教学模式，高校思政教育的未来发展还需要在课程设置上进行多元化建设。构建多样性的思政教育课程体系，可以更好地满足学生个性化学习需求，让每位学生在自身特点和兴趣爱好的指导下选择适合自己的课程。这样不仅可以增加学生的学习动力和参与度，还可以提高思政教育的实效性和吸引力。

为了进一步推动高校思政教育的发展，还需要加强与社会实践的结合。通过开展各类社会实践活动，让学生将理论知识应用到实践中去，培养他们的实践能力和创新精神。通过将理论与实践相结合，可以更好地促进学生全面素质的提升。

通过强理论研究和创新，建设多元化的思政教育课程体系，推广翻转课堂等教学模式，并加强与社会实践的结合，高校思政教育将实现更全面、更多元化的发展。这将为学生的综合素质提升和个性发展提供更好的保障，培养更多具有社会责任感和创新精神的优秀人才。

在高校思政教育的未来发展中，加强理论研究和创新是至关重要的。只有不断深化理论研究，才能为思政教育实践提供更为丰富的理论支撑。同时，提升思政教育实践水平也是必不可少的，只有通过不断探索和实践，才能不断完善思政教育工作。在这个过程中，创新教学模式和方法是尤为重要的，只有不断创新才能激发学生的学习兴趣和积极性。建设多元化的思政教育课程体系也是必要的，只有通过多样化的课程设置，才能更好地满足不同学生的需求。最重要的是，要鼓励学生参与自主学习，只有通过自主学习，才能真正培养学生的独立思考能力和创新精神，从而更好地推动高校思政教育的发展。

在高校思政教育的未来发展中，加强理论研究和创新是至关重要的。理论研究和创新是保持教育活力和前进动力的源泉。只有不断深化理论研究，才能不断提高思政教育实践的水平和质量。同时，提升思政教育实践水平也是必不可少的。只有通过不断探索和实践，我们才能更好地理解学生需求和教学方法。实践能够为我们提供宝贵的经验和启示，帮助我们不断改进和创新教育方式和手段。在这个过程中，创新教学模式和方法是尤为关键的。只有通过不断创新，我们才能不断激发学生的学习兴趣和激情，让他们更主动地参与到学习中来。建设多元化的思政教育课程体系也是必要的。通过多样化的课程设置，我们可以更好地满足不同学生的需求，让每个学生都能找到适合自己的学习路径。最重要的是，要鼓励学生参与自主学习。只有通过自主学习，学生才能真正实现知识的转化和运用，培养出独立思考和创新精神，从而更好地推动高校思政教育的不断发展和进步。自主学习可以激发学生的内在动力和学习热情，让他们更加主动地探索和学习，为未来的发展奠定坚实基础。高校思政教育的发展离不开不断的理论探索和实践创新，也需要学生的积极参与和自主学习，共同推动思政教育事业走向更加美好的明天。

教育的本质在于培养人才，而教师则是教育事业中至关重要的一环。提升教师的教学能力和水平是高校思政教育未来发展的关键之一。只有具备扎实的学术功底、丰富的教学经验和创新的教学理念，教师才能更好地引导学生思考、启发学生潜能、影响学生成长。在未来，高校思政教育应更加重视教师的培训和提升，为教师提供更多的学术支持、教学指导和专业发展机会，让他们不断增强自身的综合素质和教学能力，适应时代发展的需要。

教师的教学水平直接影响着学生的学习效果和思想素质的提升。因此，高校应着力打造一支高水平、高素质的教师队伍，通过不断改善教师的待遇和激励机制，吸引更多优秀人才投身思政教育事业。同时，高校也要加强教师的专业发展和培训，鼓励教师参与学术研究和教学改革实践，提升他们的教学能力和水平。只有这样，教师才能更好地担负起培养优秀人才、传承思想文化的使命，为高校思政教育的蓬勃发展贡献力量。

提升教师的教学能力和水平是高校思政教育发展必须重视的方向之一。只有不断加强教师队伍建设，培养高素质的教师，不断完善教师培训体系和激励机制，高校思政教育才能朝着更加健康、稳健的方向发展，为培养德智体美全面发展的社会主义建设者和接班人做出更大贡献。

高校的思政教育事业一直被视为至关重要的任务之一。而要实现这一目标，就离不开教师的积极参与和支持。教师是高等教育中最为重要的力量，他们的教学能力和水平直接影响着学生的思想素质和学习效果。因此，高校需要不断加强教师队伍的建设，为他们提供更多的成长空间和发展机会。

高校可以通过建立规范的评价机制，激励教师积极参与学术研究和教学改革实践。这不仅能够提高教师的专业水平，还能够为高校的学术氛围和教学质量带来积极的影响。高校可以开展定期的教师培训活动，为他们提供最新的教育理念和教学方法。这将有助于教师不断提升自身的教学水平，同时也为学生提供更为优质的教学服务。

高校还可以加强教师之间的交流与合作，搭建一个共享资源的平台。通过教师之间的互相启迪和共同进步，可以进一步激发教师的学习热情，促进他们的自我提升。最终，高校应该重视教师的心理健康，为他们提供良好的工作环境和情感支持。只有在这样一个和谐的氛围下，教师才能充满激情地投入到教育教学工作中。

提升教师的教学能力和水平是高校思政教育事业的根本所在。只有不断加强教师队伍建设，为教师提供更多的成长机会和支持，高校的思政教育事业才能不断迈上新的台阶，为培养更多德智体美全面发展的社会建设者和领导者贡献力量。

三、拓展国际化视野

在高校思政教育的未来发展中，加强国际交流与合作显得尤为重要。通过参与国际学术会议、合作研究项目，开展学术交流与合作，可以引进国外先进的思政教育理论和经验，为我国高校思政教育的发展提供新的思路和方法。同时，也可以促进我国思政教育的成果与国际接轨，提升我国高校在国际学术界的声誉和地位。加强国际交流与合作，有助于拓展教师和学生的国际视野，提升他们的国际竞争力和综合素质，培养具有全球胸怀和国际背景的复合型人才。同时，国际交流与合作也有利于促进不同国家和地区的文化交流与融合，推动世界思想文化的多元发展，为构建人类命运共同体做出积极贡献。加强国际交流与合作，是我国高校思政教育不断发展的内在要求，必将推动高校思政教育向更高层次、更广领域迈进。

加强国际交流与合作，可以为高校思政教育带来更多的新鲜血液。通过与国外学者的交流与合作，可以拓宽我们的学术视野，了解到世界各国在思政教育方面的最新成果和方法。这不仅可以激发我们的学术热情，也能够帮助我们更好地应对国际学术挑战。

同时，加强国际交流与合作也可以促进不同国家和地区之间的文化融合与交流。通过交流合作，我们可以更好地了解世界上不同文化的优点和特色，从而使我们的思政教育更具包容性和多元性。这不仅可以增进各国之间的友谊与合作，也有利于推动世界思想文化的多样发展。

加强国际交流与合作，对于培养复合型人才也有着积极的促进作用。在国际交流与合作的过程中，学生和教师们将不断接触到不同思想和文化，从而培养出具有全球视野和国际背景的复合型人才。这将有助于提升他们的综合素质和国际竞争力，使他们能够更好地适应全球化的挑战与机遇。

加强国际交流与合作对于高校思政教育的发展是至关重要的。只有与世界接轨，才能不断推动思政教育向更高层次、更广领域迈进，为构建人类命运共同体贡献力量。希望我们的高校能够在国际交流与合作的大潮中不断前行，实现更加辉煌的发展。

在高校思政教育的未来发展中，吸收借鉴国外先进思政教育经验是至关重要的一环。通过吸收国外先进经验，可以不断拓展思政教育的视野，从而促进高校思政教育的理论研究和实践水平的提升。国外的思政教育理念和方法可能与国内存在差异，但正是这样的差异，能够为我国高校思政教育在理论和实践层面带来新的启示，激发出更多的创新思维和解决问题的新途径。

通过吸收国外先进思政教育经验，可以更好地了解不同文化背景下的教育模式和方法，发现其中的优点并加以借鉴，为我国的思政教育工作注入新的活力。同时，国外的先进经验也能够帮助高校扩大与国际学术界的交流与合作，推动高校思政教育走向国际化，提升其影响力和竞争力。在全球化的背景下，吸收国外先进经验是促进高校思政教育发展的重要途径，也是拓展高校思政教育领域的必由之路。

因此，在高校思政教育的未来发展中，加强对国外先进思政教育经验的吸收和借鉴是必不可少的，这不仅可以为高校思政教育的理论探索和实践工作提供新的思路和方法，更能够推动高校思政教育走向更加开放、包容和创新的方向。通过不断吸取国外先进经验，高校可以实现思政教育工作水平的提升，为培养德智体美劳全面发展的社会主义建设者和接班人做出更大的贡献。

当前高校思政教育正处于一个新的发展时期，面临着诸多挑战和机遇。为了更好地适应时代发展的需要，高校思政教育需要加强理论研究和创新，不断提升自身的理论水平和研究深度。只有通过深入的理论研究，才能够更好地指导和支持实践工作的开展，为高校思政教育提供更为坚实的理论基础。

同时，提升思政教育实践水平也是当前工作的重要任务之一。只有将理论研究与实践相结合，才能够真正做到理论联系实际，让学生在实践中得到更为全面和深入的教育。通过不断提升实践水平，高校思政教育能够更好地满足学生的需求，为他们的全面发展提供更为有力的支持。

在创新教学模式和方法方面，高校思政教育也亟须探索。随着时代的发展和科技的进步，传统的教学模式已经不能够完全满足学生的需求，需要不断进行创新，开拓新的教学途径和方式，让学生在更为开放和多元化的教育环境中获得更为全面和深入的教育。

拓展国际化视野也是当前高校思政教育的发展方向之一。在全球化的背景下，高校思政教育需要更加开放和包容，吸收国际先进的理念和经验，拓展学生的国际视野，让他们能够更好地适应多元文化的社会环境，更好地融入到国际化的发展中。

推动本土化与全球化相结合，是高校思政教育的未来发展方向。只有将本土文化与国际化的理念有机结合，才能够更好地实现高校思政教育的目标，为学生成长成才提供更为丰富和多样化的教育资源，推动高校思政教育的不断发展和进步。

在高校思政教育的未来发展中，加强理论研究和创新是至关重要的。只有不断深化思政教育理论研究，不断推动思政教育理论的创新，才能更好地应对形势变化，更好地为学生提供高质量的思政教育。同时，提升思政教育实践水平也是必不可少的。只有将理论研究成果付诸实践，将创新理念融入具体工作中，才能真正实现思政教育的有效落地。

创新教学模式和方法也是高校思政教育未来发展的重要方向。随着社会的快速发展和信息技术的广泛应用，传统的教学模式已经无法满足时代的要求。因此，不断创新教学方法，探索适合学生兴趣和特点的教学模式，是提升思政教育效果的关键。

拓展国际化视野也是高校思政教育未来发展的趋势。随着全球化的进程加快，国际视野已经成为培养思政教育人才的必备素质。只有通过开展国际交流与合作，吸收国外先进思政教育理念和模式，才能更好地培养具有国际视野的思政教育人才，为国家和社会培养更多具有全球竞争力的人才。

为了培养具有国际视野的思政教育人才，高校需要不断加强国际交流与合作，开展多元化的合作项目。通过与国外高校建立合作关系，可以引进国外先进的教学理念和方法，为学生提供更广阔的学习平台。同时，高校还可以组织学生参加国际学术交流活动，让他们深入了解不同国家和文化的思想观念，拓宽视野，增长见识。

除了加强国际交流，高校还应积极推动思政教育课程的国际化。通过引进国外优质的课程资源，结合本土实际，设计并开设具有国际视野的思政教育课程，培养学生的全球意识和跨文化交流能力。同时，高校还可以组织学生参加国际实习项目，让他们在跨国企业或机构中接受真实的工作锻炼，提升自身的综合素质。

高校还可以借助互联网和现代技术手段，开展在线国际交流与合作。通过建设国际化的在线学习平台，与国外高校进行远程合作，共同设计线上课程，实现全球教育资源的共享。这样不仅可以让学生在家就能接触到国际化的思政教育内容，还可以促进不同国家、不同文化之间的交流与融合。

总的来说，要培养具有国际视野的思政教育人才，高校需要不断创新教育方式，加强国际合作，开展多元化的教育活动，为学生打开通往世界的大门，让他们在跨文化交流中不断提升自身素质，为建设美好的未来贡献力量。

高校思政教育的未来发展方向在于加强理论研究和创新。理论研究的深入探讨可以为思政教育工作提供更为科学的理论指导，从而更好地引领实践。同时，创新也是不可或缺的，通过不断探索和尝试，可以为高校思政教育注入新的活力和动力。

提升思政教育实践水平是另一个重要的发展方向。只有在实践中不断总结经验和教训，才能不断提高思政教育的实效性和影响力。同时，实践也需要与理论相结合，相互促进，达到良性循环的效果。

在创新教学模式和方法方面，高校可以借鉴国内外先进经验，结合自身实际情况，探索适合当下社会需求和学生发展的新型教学模式。通过创新，可以激发学生的学习兴趣，提高思政教育的针对性和实效性。

拓展国际化视野是必不可少的。在全球化背景下，高校思政教育需要更广阔的视野，更开放的胸怀，更多元化的教育资源。只有了解世界各国的思政教育发展趋势和经验，才能更好地引领和推动我国思政教育的发展。

建设国际化思政教育课程体系也是高校思政教育的未来发展方向之一。通过建设国际化课程体系，可以在不同国家和地区之间实现经验共享和资源共享，融合各方优势，形成更具竞争力的思政教育模式。同时，也可以培养具有国际视野和全球竞争力的优秀人才。

在构建国际化思政教育课程体系的过程中，高校可以深入挖掘世界各国的优秀教育资源，引进先进的教学理念和方法。通过与国际接轨，不断更新教育内容和教学方式，打破传统教学模式的束缚，激发学生的学习热情和思辨能力。同时，借鉴国外先进经验，也可以帮助高校更好地理解和应对全球化挑战和机遇，培养适应未来社会需求的人才。

同时，建设国际化思政教育课程体系还可以促进跨文化交流与合作，拓宽学生的国际视野和文化胸襟。通过跨文化教育，学生可以更好地理解和尊重不同国家和民族的文化差异，增进国际友谊和合作。这不仅有助于培养学生的国际化意识和全球胜任力，也为他们今后的国际交往和事业发展打下坚实的基础。

建设国际化思政教育课程体系还可以促进高校之间的合作与交流。通过国际合作项目，高校可以共享优质课程资源，促进师生间的交流与互鉴，共同推动思政教育事业的发展。同时，积极参与国际学术交流活动，也可以提升高校的学术声誉和国际影响力，推动教育教学水平的不断提高。

建设国际化思政教育课程体系是高校思政教育发展的必由之路。只有不断创新教育理念和方式，与国际接轨，才能更好地适应当代社会发展的需求，培养具有全球视野和国际竞争力的优秀人才。随着社会的不断发展和变化，我们有必要不断完善和拓展国际化思政教育课程体系，为学生的终身发展和社会的和谐进步提供更好的支持和保障。

四、提升教师队伍素质

近年来，高校思政教育在我国教育体系中扮演着重要的角色。为了适应时代发展的需求，我们需要加强理论研究和创新，提升思政教育实践水平，创新教学模式和方法，提升教师队伍素质。作为论文导师，我认为增加教师培训投入是至关重要的，只有通过不断地学习和培训，教师才能不断提升自己的专业水平，更好地履行教育使命。因此，我们应该加大对教师培训投入的意识，为教师提供更多更好的培训机会，助力他们更好地开展思政教育工作，推动高校思政教育不断迈向新的高度。

在当前高校思政教育中，教师培训作为一项重要举措，对于提升教师的专业水平和教学能力起着至关重要的作用。只有不断地接受培训和学习，教师们才能及时了解最新的理论知识和教学方法，从而更好地适应时代的发展需求。同时，通过培训，教师们也能够更好地提升自己的教育教学水平，进一步激发学生的学习兴趣和潜力。

教师培训不仅仅是传授知识，更是一个促进教师个人成长和发展的过程。在培训中，教师们可以相互交流经验，分享教学实践中的成果和困难，从而相互启发，共同提高。同时，通过参加各种培训项目，教师们还有机会进一步拓展自己的思维，开阔视野，增强综合素质。

随着思政教育工作的不断健康发展，我们也应不断加大对教师培训的投入，提供更多更好的培训机会，鼓励教师积极参与，全面提升他们的教学水平和综合素质。只有如此，我们才能更好地推动高校思政教育事业向着更加成熟和完善的方向发展，为培养德智体美劳全面发展的社会主义建设者和接班人做出更大的贡献。

在高校思政教育的未来发展方向中，拓展教师发展渠道显得尤为重要。通过拓展教师发展渠道，可以有效地激发教师们的学习热情，促进他们的教学能力和专业水平的提升。同时，拓展教师发展渠道也有助于促进教师之间的交流与合作，激发团队合作精神，提升整个学校思政教育工作的水平和质量。拓展教师发展渠道还可以为教师们提供更多的专业发展机会，使他们能够更好地适应高校思政教育的发展需求，不断提升自身的综合素质和能力。因此，在未来的工作中，我们需要着力拓展教师发展渠道，为高校思政教育的发展注入新的活力与动力。

在高校思政教育领域，加强思政教育专业化建设是当前和未来发展的重要方向之一。专业化建设需要从多个方面着手，包括提升教师队伍素质、创新教学模式和方法，加强思政教育理论研究和实践创新等。通过不断探索和实践，不断提高教师们的专业水平和能力，提供更加优质的思政教育服务，培养更加符合时代需求的人才。专业化建设不仅有利于提升高校思政教育的整体水平，还有助于推动思政教育向更加深入、全面、全方位发展，适应当今社会的发展需求和青年学生的成长需求。加强思政教育专业化建设，将为高校思政教育的未来发展提供强有力的支撑和保障。

在高校思政教育领域，加强思政教育专业化建设是当前和未来发展的重要方向之一。专业化建设不仅是一种任务，更是一种责任和使命。教师队伍的素质提升是专业化建设的基础，只有通过不断学习和积累经验，才能更好地指导学生的思想和行为。创新教学模式和方法也是关键，只有不断尝试新的教学方式，才能更好地激发学生的学习兴趣，引导他们正确的人生观和价值观。

思政教育的理论研究和实践创新也是专业化建设的重要内容，只有不断钻研理论，才能更好地指导实践，取得更好的成果。借鉴国内外先进经验，结合当地实际情况，开展创新性的实践活动，为学生树立正确的人生目标和追求。

通过专业化建设，我们将为高校思政教育的未来发展提供强有力的保障，助力学生成为德才兼备的社会栋梁。未来，希望更多的高校重视思政教育的专业化建设，共同打造一个更加美好、和谐的教育环境，让青年学子在这里茁壮成长，为祖国的繁荣富强做出自己的贡献。愿我们的努力不仅仅是为了当下，更是为了未来，为了让思想更加清澈，为了让世界更加美好。

第三节　强化育人导向和实效性

一、建立完善的思政教育评价体系

高校思政教育的未来发展方向需要加强理论研究和创新，不断探索新的理论框架和观念，为思政教育工作提供理论指导和学术支持。同时，提升思政教育实践水平，将理论转化为实际行动，促进学生思想道德素质的提高和全面发展。创新教学模式和方法是推动思政教育改革的重要途径，借助现代技术手段和教学资源，为学生创造更加丰富多彩的学习体验和教育环境。提升教师队伍素质，加强师德师风建设，激发教师的教育热情和责任感，为学生提供更加优质的教育服务。强化育人导向和实效性，注重培养学生的综合素质和实践能力，引导学生积极参与社会实践和实践活动。建立完善的思政教育评价体系，设立科学、客观的评价指标，为思政教育工作的开展提供有效的评估和监控，不断完善和提高教育质量。愿我们的大学思政教育走向更加美好的明天，为培养社会主义建设者和接班人做出更大的贡献。

在推动思政教育改革的过程中，我们还需不断加强学生的实践能力培养。通过引导学生积极参与社会实践和实践活动，让他们在实践中感受社会的温暖和现实的压力，激发他们的社会责任感和创新精神。同时，我们还要注重培养学生的综合素质，不仅要注重他们的学术能力，还要培养他们的人文素养、团队合作能力、领导才能等多方面的素质，使他们成为全面发展的社会主义建设者和接班人。

为了进一步提升思政教育的质量，我们需要建立完善的教育评价体系。通过科学、客观的评价指标，对思政教育工作进行有效的评估和监控，不断发现问题和改进教育方法，提高教育水平和质量。只有不断完善评价体系，才能更好地引导和监督教育实践，确保思政教育取得良好的效果。

我们要坚持育人导向和实效性原则，让思政教育真正贴近学生需求，为他们提供更加优质的教育服务。只有不断创新教学模式和方法，适应时代发展的需求，才能让思政教育更具生命力和活力。相信随着大家共同的努力，我们的大学思政教育一定会走向更加美好的明天，为社会主义建设事业培养更多优秀的年轻人，为国家的繁荣和进步做出更大的贡献。

在高校思政教育的未来发展中，推进思政教育评估和反馈机制的建设显得尤为重要。只有建立完善的评价体系，才能够准确地把握学生的思想政治素养水平，及时发现存在的问题并加以改进。通过评估和反馈机制，可以更好地激发学生的思想活力和创造力，推动高校思政教育工作的深入发展。同时，也能够帮助教师们更加全面地了解学生的学习情况，从而有针对性地开展教学工作，提升教学效果。通过评估和反馈，学校可以及时调整教学方案，改进教学方法，提高教学的实效性和教学质量，助力思政教育事业的长期发展。

在推进思政教育评估和反馈机制的过程中，需要充分考虑不同学生的差异性和发展需要，因材施教，针对性地制定评估标准和反馈措施。同时，还要重视师生之间的互动和沟通，建立起良好的师生关系，倾听学生的意见和建议，及时调整教学方式，满足学生的需求，促进学生的全面发展。还要引导学生正确对待评估和反馈，树立正确的学习态度和价值观，积极配合学校的工作，共同推动高校思政教育事业的健康发展。通过不懈努力，不断完善思政教育评估和反馈机制，才能够提升高校思政教育工作的质量和水平，为培养德智体美劳全面发展的社会主义建设者和接班人做出更大的贡献。

在当前高校思政教育事业蓬勃发展的背景下，推进思政教育评估和反馈机制显得尤为重要。只有不断改进教学方法，提高教学的实效性和教学质量，才能真正助力思政教育事业的长期发展。为此，我们需要深入了解学生的需求和特点，不断调整教学内容和方法，使思政教育更贴近学生的实际需求，激发他们的学习兴趣和参与度。

在推进思政教育评估和反馈机制的过程中，师生之间的互动和交流起着至关重要的作用。建立开放式的沟通机制，鼓励学生敢于表达自己的看法和意见，不断改进教学方式，使思政教育更具亲和力和说服力。同时，学校也应该加强对教师的培训和评估，提高他们的教学水平和教育能力，推动思政教育工作的全面发展。

正确引导学生对待评估和反馈，培养他们正确的学习态度和学习方法，树立正确的人生观和价值观。只有让学生明白，反馈不是批评，而是一个提高自身能力和成长的机会，他们才能更加积极地参与到思政教育中来，为自己的未来奠定坚实的道德和思想基础。

推进思政教育评估和反馈机制需要全校师生的共同努力和配合。只有建立起完善的评估体系和反馈机制，才能够确保高校思政教育工作的长期持续发展，为社会主义建设者和接班人的培养打下坚实的基础。愿我们共同努力，在推进思政教育评估和反馈机制的道路上越走越宽广，为祖国的明天贡献出更多的力量。

二、强化学生综合素质培养

在高校思政教育的发展中，重视学生思想道德素质的培养是至关重要的一环。学生作为未来社会的栋梁，其思想道德素质的培养不仅关乎他们个人的成长，更关乎整个社会的发展。只有通过教育，引导学生树立正确的人生观、价值观和道德观，才能培养出德才兼备、德智体美全面发展的优秀人才。

在教育实践中，学校需要将思想道德教育融入到日常教学和管理工作中，构建全员参与、全方位覆盖的思想道德教育体系。通过开展形式多样、内容丰富的思想道德教育活动，引导学生不断提升自身的道德修养和人文素养，增强社会责任感和使命感。只有这样，才能真正实现学生思想道德素质的全面提升，为社会培养出更多具有高尚品德和坚定信念的时代新人。

同时，学校还应该注重学生道德实践能力的培养，通过参与社会实践、志愿活动等方式，让学生亲身体验社会，锻炼学生解决实际问题和面对挑战的能力，培养他们正确的行为准则和道德选择能力。只有在实践中磨炼，在社会中检验，学生的思想道德素质才能得到真正的提升。

重视学生思想道德素质的培养是高校思政教育中的重要任务之一，只有将其纳入到教育体系的重要位置，加强对学生思想道德素质的培养和引导，才能真正实现高校思政教育的目标，为社会培养出更多德智体美全面发展的优秀人才。

高校思政教育的未来发展方向将聚焦于加强理论研究和创新，通过不断探索新理论、新概念和新方法，推动思政教育迈向更加深入、更加实践性的发展。同时，提升思政教育实践水平，注重将理论与实践相结合，使学生在学习中能够更好地将理论知识运用于实际生活中。创新教学模式和方法，不断探索适应时代发展的新教学方式，提高教学效果，激发学生的学习兴趣和潜力。提升教师队伍素质，加强教师培训和能力建设，打造高素质的师资队伍，为学生提供高质量的思政教育。强化育人导向和实效性，注重培养学生的责任感、使命感和创新精神，让学生在学习中能够真正提升自身素质和能力。强化学生综合素质培养，注重培养学生的综合能力和创新意识，让学生在全面发展的同时也能够具备扎实的专业知识和技能。促进学生思维意识水平的提升，引导学生自主思考、善于分析问题、勇于创新，提高学生的思维品质和综合素质，为他们未来的发展奠定坚实基础。

在现代社会中，学生的学习水平不仅要求掌握扎实的理论知识，更需要能够将这些知识灵活运用于实际生活中。因此，我们需要不断探索创新的教学模式和方法，激发学生的学习兴趣和潜力。只有这样，才能真正提高教学效果，让学生在学习中得到全面的提升。

教师队伍的素质也是至关重要的。加强教师培训和能力建设，打造高素质的师资队伍，为学生提供更高质量的思政教育。只有优质的教师才能够引领学生走向成功，让他们在学习中不断成长，实现自我价值。

同时，我们还需要强化育人导向和实效性。培养学生的责任感、使命感和创新精神，让他们在学习中能够真正提升自身素质和能力。只有这样，学生才能够在未来的发展中立于不败之地，成为社会的栋梁之材。

对于学生综合素质的培养也是不可忽视的。我们要注重培养学生的综合能力和创新意识，让他们在全面发展的同时也能够具备扎实的专业知识和技能。只有全面发展的学生才能够应对未来社会的各种挑战和机遇，实现自身的价值。

促进学生思维意识水平的提升更是至关重要。引导学生自主思考、善于分析问题、勇于创新，提高学生的思维品质和综合素质，为他们未来的发展奠定坚实基础。只有不断提升学生的思维意识水平，才能够真正培养出具有竞争力的优秀人才。

三、加强社会实践与服务

学校思政教育的未来发展方向之一就是加强社会实践与服务。通过开展多样化的社会实践活动，可以帮助学生将理论知识与实践经验相结合，提升他们的综合能力和实际操作能力。同时，学校还可以深化与社会的联系，为学生提供更多的实践机会和服务平台，促进学生的全面发展。在社会实践活动中，学生们可以参与各种社会公益活动、志愿服务、实习实训等，增强他们的社会责任感和使命感，培养他们的团队合作精神和创新能力。通过开展多样化的社会实践活动，学校能够更好地实现教育目标，为学生提供更加全面和个性化的教育服务，推动思政教育工作的深入发展。

高校思政教育工作的未来发展方向之一，就是加强学校与社会的互动与合作。只有通过与社会各界的密切合作，才能更好地借鉴社会资源，为高校思政教育提供更广泛、更丰富的支持。通过与社会各方的交流和合作，高校思政教育可以更好地了解社会需求和形势变化，更好地调整教育内容和方式，更好地培养学生的社会责任感和创新精神。同时，高校还可以通过与社会合作，为学生提供更多实践机会和实习机会，让学生更好地融入社会，实现自身的价值。加强学校与社会的互动与合作，是高校思政教育未来发展的重要方向之一，也是提升思政教育水平的重要途径之一。

加强学校与社会的互动与合作，是高校思政教育工作的关键之一。通过与社会各界的交流与合作，高校可以更好地了解社会的需求和变化，更好地适应时代的潮流。同时，与社会的互动也可以为高校提供更多的资源支持，为学生提供更多实践机会和实习机会，让他们更好地融入社会，实现自身的发展与成长。

在与社会各方的合作中，高校可以借鉴各方的智慧和资源，不断创新思政教育的内容和方式，更好地培养学生的社会责任感和创新精神。通过与企业合作，可以为学生提供更多的实践机会，锻炼他们的实践能力和团队协作能力。与政府部门合作，可以使学生更好地了解国家政策和社会发展的方向，培养他们的领导力和社会责任感。

除了与企业和政府部门的合作，高校还可以与社会组织、公益机构等建立合作关系，为学生提供更广泛的社会实践机会。通过参与各种公益活动，学生可以更好地感受社会的温暖与责任，培养他们的爱心和奉献精神。

加强学校与社会的互动与合作，不仅可以提升高校思政教育的水平，也可以促进学生全面发展。高校将继续坚持开放合作的理念，与社会各界携手合作，共同推动高校思政教育事业的不断发展与进步。

高校思政教育的未来发展方向需要加强理论研究和创新，提升思政教育实践水平。同时，创新教学模式和方法，提升教师队伍素质是至关重要的。强化育人导向和实效性，加强社会实践与服务，提升高校社会责任感和服务意识是高校思政教育发展的必然趋势。高校应当积极探索未来发展道路，不断完善教育体系，以更好满足社会需求，培养出更多德智体美全面发展的优秀人才。

高校思政教育的未来发展方向需要不断加强理论研究和创新，提升教育实践水平。同时，高校应当注重创新教学模式和方法，不断提升教师队伍素质。强化育人导向和实效性是高校思政教育发展的核心使命。为了更好地服务社会，高校需要加强社会实践与服务的力度，不断提升自身的社会责任感和服务意识。在这个时代背景下，高校应当积极探索未来的发展道路，不断完善教育体系，以培养更多德智体美全面发展的优秀人才为己任。只有不断追求进步和创新，高校思政教育才能真正与时俱进，为社会和国家发展贡献更多的力量。愿高校思政教育走向更加光明的未来，成为社会发展的重要力量和支柱！

参考文献

[1] 张婷婷．基于“长尾理论”的高校“微思政”工作实践探索[J]．中外企业文化，2022,(02):231-232.

[2] 刘柏森，王刚，赵莉莉．高校课程思政的理论探源与教育实践[J]．哈尔滨学院学报，2022,43(01):133-136.

[3] 芦永萍．高校课程思政建设的理论创新与实践探索[J]．安徽电子信息职业技术学院学报，2021,20(04):67-71.

[4] 韩利．党史教育融入高校思政课路径探索与反思[J]．才智，2022,(15):24-27.

[5] 杨闯．“三全育人”视野下高校思政课程改革路径探索——评《新时代高校思政育人理论研究与实践探索》[J]．中国高校科技，2023,(12):116.

[6] 付漪川．高校思政教育工作创新与实践探索[J]．中学政治教学参考，2021,(45):86.

[7] 孙憋倩，卢浩，徐小辉，段力群，李治中．理论力学“德融教育”思政建设探索[J]．现代职业教育，2022,(39):166-169.

[8] 宋亚亚，于凯丞．互联网时代高校“云思政”工作探索[J]．时代报告，2022,(12):114-116.

[9] 张永红．高校思政理论课堂与网络在线融合式教育研究[J]．淮南职业技术学院学报，2023,23(05):31-33.

[10] 宋凡．党史学习教育融入高校思政课的理论与实践[J]．贺州学院学报，2021,37(03):132-136.

[11] 于淼，王静，于杰．“四史”教育融入高校思政课探索[J]．牡丹江医学院学报，2022,43(04):174-175.

[12] 聂如诗．“融媒体”时代高校思政“金课”建设的理论与实践探索[A]．《新课改教育理论探究》第四辑[C]．新课程研究杂志社，2021:74-75.

[13] 李旸．高校心理健康教育课程与思政课程融合探索[J]．西部素质教育，2022,8(04):40-42.

[14] 王辉，邱杨．高校创业教育推进课程思政的现实困境与路径探索[J]．黑龙江教育（高教研究与评估），2023,(11):89-92.

[15] 马丽丹，吴立红．高校课程思政与思政课程的协同育人路径探索[J]．福建广播电视大学学报，2021,(02):5-8.

[16] 李香云，曹丽莎．高校辅导员“思政＋心理”工作实施路径探索[J]．北京教育（德育），2022,(Z1):148-150.

[17] 徐爽．大思政视野下高校思政教育实践育人模式探索[J]．吉林教育，2021,(08):89-90.

[18] 刘志艳，纪静，刘瑞华．党史教育融入高校思政理论课程策略研究[J]．现代职业教育，2023,(05):20-23.

[19] 王思琦．新时代高校思政教育工作的思考与探索[J]．党史博采（下），2021,(08):65-66.

[20] 赵佳音，刘少文，夏瑞雪，赵思洋，柏洋．全媒体时代高校新闻教育融入思政内容的研究与探索[J]．新闻传播，2022,(14):78-80.

[21] 乔瑞红．高校“思政课程”网络教育平台建设的实践探索[J]．太原城市职业技术学院学报，2021,(03):151-153.

[22] 李婉玲，黄显琴．“四史”教育融入高校思政课教学探索[J]．西部素质教育，2021,7(24):40-42.

[23] 姚伟杰．我国高校日语课程思政建设的思考与探索——评《课程思政探索与实践》[J]．中国高校科技，2022,(11):110.

[24] 常贵想．高校思政课线上教学实践与探索[J]．产业与科技论坛，2021,20(10):198-199.

[25] 杨真，刘方涛，周毅．高校课程思政建设的探索与实践[J]．产业与科技论坛，2021,20(08):187-188.

[26] 庞菲．高校思政力量助力大学生教育管理工作——评《思政教育与高教发展》[J]．科技管理研究，2023,43(16):256.

[27] 刘力波，张子鉴．“中国式现代化”融入高校思政课教学的理论审思与实践探索[J]．马克思主义与现实，2023,(05):137-143.

[28] 高歌．“课程思政”融入高校创新创业教育课程的实践与探索[J]．石家庄铁道大学学报（社会科学版），2022,16(03):99-103.

[29] 吴春红．高校化工专业思政教育的思考与探索——评《化学课程思政元素》[J]．化学工程，2023,51(08):101.

[30] 陈民．吴文化融入高校思政课教育教学路径的探索[J]．科教文汇（下旬刊），2021,(15):37-39.